그래도 부동산이 돈이 된다

그래도 부동산이 돈이된다

2020년 2월 26일 초판 1쇄 인쇄
2020년 3월 4일 초판 1쇄 발행

지은이 | 장철수
펴낸이 | 이종춘
펴낸곳 | (주)첨단

주소 | 서울시 마포구 양화로 127 (서교동) 첨단빌딩 3층
전화 | 02-338-9151
팩스 | 02-338-9155
인터넷 홈페이지 | www.goldenowl.co.kr
출판등록 | 2000년 2월 15일 제2000-000035호

본부장 | 홍종훈
편집 | 주경숙, 신정원
전략마케팅 | 구본철, 차정욱, 나진호, 이동후, 강호묵
제작 | 김유석
경영지원 | 윤정희, 안서현, 김미애, 박미영, 정유호

ISBN 978-89-6030-546-5 13320

• BM 황금부엉이는 (주)첨단의 단행본 출판 브랜드입니다.

황금부엉이에서 출간하고 싶은 원고가 있으신가요? 생각해보신 책의 제목(가제), 내용에 대한 소개, 간단한 자기소개, 연락처를 book@goldenowl.co.kr 메일로 보내주세요. 집필하신 원고가 있다면 원고의 일부 또는 전체를 함께 보내주시면 더욱 좋습니다. 책의 집필이 아닌 기획안을 제안해주셔도 좋습니다. 보내주신 분이 저 자신이라는 마음으로 정성을 다해 검토하겠습니다.

그래도 부동산이 돈이 된다

장철수 지음

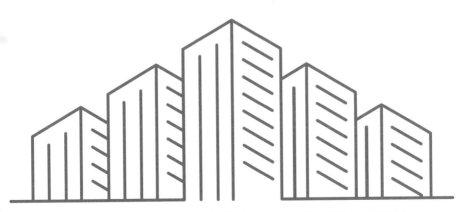

정부의 부동산 규제정책의 구조적 문제를 파헤쳐
시장을 판독할 절대 시각을 알려준다!

BM 황금부엉이

Part 1. 부동산 전망 편
앞으로 10년, 부동산은 어떤 흐름을 보일까?

Part 2. 소액투자 편
여윳돈 없어도 반드시 된다!

집 없이도 월세 받는 셰어하우스

2장

천만 원 투자로 월세 받는 에어비앤비

3장

3000만 원이 만드는 기적, 경매

Part 3. 일반투자 편
돈 되는 부동산, 돈 안 되는 부동산

1장
아파트투자는 여전히 돈이 된다

2장
그래도 재건축·재개발투자가 돈이 된다

3장
수도권 교통망이 돈이 된다

4장
눈 밝은 자에게만 돈이 되는 시장도 있다

'요동치는 부동산시장' 부동산 전망과 실전 투자전략을 말한다

Q. 정부의 고강도 부동산대책과 미국의 금리인상 등으로 향후 부동산시장 흐름을 예측하기 어려운 상황에서 부동산투자를 해도 될지 접어야 할지 매우 혼란스럽습니다. 현재의 부동산시장이 어떤지, 앞으로 부동산시장 이 어떤 흐름을 보일지 궁금합니다.

A. 독자들은 부동산가격이 왜 오르는지, 또 정부의 고강도 부동 산대책으로 부동산가격 상승세가 꺾일지 이어질지가 궁금할 겁니다. 간단히 답하긴 어렵지만 지금의 집값 상승은 주택 전 환기(교체기)라는 게 가장 큰 원인이라고 생각합니다. 60년대 말 부동산시장이 형성된 이후 불과 50년 만에 부동산시가총 액이 6000조 원으로 늘어났습니다. 8.15 광복 후 우리나라

토지의 80%는 지주 소유였습니다. 「농지개혁법」을 제정해 1967년에 토지분배가 일단락되었으니 그 무렵부터 부동산시장이 형성된 셈입니다. 70년대 초 박정희 정부의 산업화정책으로 사람들이 도시로 몰려들면서 서울이 무허가주택으로 뒤덮이자 정부는 아파트를 주거 대안으로 선택했고, 주택공급 정책을 강력히 추진한 결과 주택보급률이 전국 평균 100%를 넘었습니다. 이후 경제성장과 더불어 부동산가격이 천문학적으로 상승했지요.

그렇게 2000년대 중반까지 상승세가 이어지던 부동산가격은 2007년 하반기 무렵 고점을 찍었고, 그 이후부터는 오르는 부동산만 오르고 다른 곳은 가격이 정체되거나 하락하게 되었습니다.

일부 지역의 주택가격이 상승하는 것은 주택을 교체할 시기가 되었기 때문입니다. 주택의 절대량이 부족해서가 아니라 사람들이 살고 싶어 하는 새 아파트가 부족한 것이 이유입니다. 그 중심에는 강남이 있고, 강남의 재건축아파트가 가격상승을 주도하고 있습니다. 도심 주택은 점점 더 낡고 새 아파트에 대한 소비자들의 열망은 대단하지만, 정부 정책상 강남을 비롯한 대도시 도심은 택지개발이 불가능하고 오로지 재건축 · 재개발을 통한 공급만 가능하기 때문에 재건축에 묻지마식 투자가 몰리면서 집값이 상승하는 겁니다. 상황이 이런

데 정부는 주택가격 상승의 주원인을 투기 수요로 보고 규제로 일관하기 때문에 주택가격 안정이 쉽지 않습니다. 특히 강남 등 핵심지역의 주택가격 상승세는 잡기 어려울 것이라 생각합니다. 고강도 규제로 인한 거래절벽으로 주택가격이 일시적으로 안정될 수는 있겠지만 일정 기간이 지나면 다시 상승세로 돌아설 가능성이 높습니다. 한편 지방은 주택가격 하락 및 미분양 확대로 양극화는 더 심해질 것으로 전망됩니다. 같은 지역이라도 수요가 있는 지역과 그렇지 못한 지역의 주택가격 격차는 더 커질 것입니다.

Q. 잇따른 대책에도 불구하고 주택가격 상승세가 지속된다는 뜻인가요?

A. 장기적으로는 강남 등 핵심지역은 주택가격 상승세가 상당 기간 이어질 것이라 봅니다. 지금은 정부의 강력한 수요억제책으로 주택가격 상승세가 잠시 주춤하고 있지만, 다가올 5년 (신도시건설 완공 전) 안에 강남 등 핵심지역의 주택가격은 다시 상승세로 돌아설 가능성이 매우 높고, 그 시기는 지금 진행되고 있는 재건축아파트의 완공 무렵이 될 것입니다.

당장 급한 독자들을 위한 필자와의 심층 인터뷰

Q. 지금 진행 중인 아파트 재건축이 완공되면 주택가격이 다시 상승세로 돌아선다는 말인데, 그렇다면 주택가격이 상승하는 가장 큰 요인은 무엇일까요?

A. 일부 지역의 주택가격이 상승하는 가장 큰 요인은 '공급시스템의 붕괴' 때문이라고 생각합니다. 2014년부터 정부는 수도권 공공택지개발을 중단하고 재건축·재개발을 통해 새 주택을 공급해왔습니다. 사람들은 교육, 교통 등 인프라가 좋은 곳에 내 집을 마련하고 싶어 하고 재건축단지가 바로 그런 곳이죠. 정부의 재건축 규제로 공급은 줄고, 돈을 가진 사람들은 다주택자 규제로 여러 곳에 투자하지 못합니다. 그러다 보니 '똘똘한 1채'를 갖기 위해 각지에서 투자가 몰려들어 강남 등 핵심지역의 주택가격은 상승하고, 그 여파로 다른 지역의 주택가격도 상승한 상황입니다. 그런데도 정부는 주택가격 상승의 주원인을 여전히 투기 수요로 판단하고 규제로 일관하기 때문에 문제가 해결되지 않고 오히려 더 꼬이고 있는 것입니다. 국민(소비자)과 정부 사이의, 투기에 대한 현격한 관점의 차이도 큰 문젠데 이에 관해서는 본문에서 상세히 설명하겠습니다.

Q. '수도권 3기 신도시건설구역을 확정함에 따라 주택가격 하향 안정세가 더 뚜렷해졌다'는 언론보도가 많지만, 신도시건설의 실효성이 의심된다는 의견도 많습니다. 수도권 3기 신도시를 건설하면 주택가격이 안정된다고 보시나요?

A. 저는 솔직히 부정적입니다. 수도권에 새로운 신도시를 건설하면 아파트가 대량 공급되어 주택가격이 하락할 것이라는 심리적인 효과로 지금은 주택가격 상승세가 잠시 주춤하고 있지만, 현 정부 임기인 3년 안에 다시 상승세로 돌아설 가능성이 높습니다. 부작용도 만만찮을 겁니다. 여기서 말하는 부작용은 '신도시구역 지정 반대나 토지수용(협의매수) 과정에서 흔히 생기는 민원'을 말하는 것이 아니라, 신도시건설 이후에 발생할 수 있는 문제를 말하는 겁니다. 이 문제는 대단히 민감합니다.

신도시건설의 실효성도 의문입니다. 정부가 확정한 신도시 5곳 외에 무려 81곳에 중소규모 택지를 개발해 주택을 공급한다고는 하지만 집값안정에 영향을 미칠 만한 곳은 사실상 신도시 5곳뿐이고, 그것도 주택가격 상승의 중심인 강남을 대체할 만한 지역은 아닙니다. 따라서 신도시건설에도 불구하고 강남 등 핵심지역의 주택가격 안정은 어렵고, 오히려 심각한 부작용이 발생할 수도 있다고 생각합니다.

　　　당장 급한 독자들을 위한 필자와의 심층 인터뷰

Q. 신도시건설 이전과 이후의 부동산 흐름이 현저하게 다를 것이라고 전망하는 것 같은데, 그 내용을 간략히 설명해주세요.

A. 수도권 3기 신도시건설이 완료되면 강남 등 핵심지역을 제외한 범수도권지역은 주택가격이 안정된다고 봅니다. 지역에 따라 주택가격이 하락하는 지역도 있을 겁니다. 그러나 가격 상승 요인으로 작용할 수도 있습니다. 참여정부 때 이미 경험했듯이 택지개발로 풀린 대규모 토지 매수자금이 부동산시장으로 흘러들어 매수에 가담하기 때문입니다. 따라서 신도시 완공 이전에는 최근의 부동산 흐름과 별 차이가 없겠지만, 신도시완공 이후에는 부동산 흐름이 크게 바뀔 가능성이 매우 높고, 가장 우려되는 것은 심각한 지역 간 불균형과 도시의 슬럼화입니다.

Q. 지금까지 여유가 있는 계층은 고가의 강남 재건축아파트 등 '똘똘한 1채'에 투자하고, 저소득계층은 레버리지를 이용해 저가주택에 투자하는 경향을 보였습니다. 그런데 정부의 전방위적인 규제로 '이제 부동산투자는 끝난 거 아닌가?'라고 생각하는 독자들이 많습니다. 이런 상황에서 부동산투자를 해도 될까요?

A. 문재인 정부의 전방위적인 규제로 부동산투자가 어려운 것은 사실이지만, 그렇다고 못 하는 것은 아닙니다. 단지 제약이 따를 뿐입니다. 정치가들은 집권하면 뭐든 다 할 수 있다고 생각하지만 오만이고 착각입니다. 문재인 정부 출범 후 6.19대책에 이어 사상 유래가 없는 8.2대책을 발표하면서 정부는 부동산가격 안정에 자신감을 보였지만 결과는 어떻게 되었습니까? 오히려 급등했습니다. 이에 정부는 더 강력한 규제와 더불어 서울·수도권 공공택지 개발이 담긴 9.13대책을 연이어 발표했으나 여전히 쉽지 않아 보입니다.

문재인 정부 임기 절반을 넘긴 지금까지 총 18차례나 부동산대책을 발표하면서 점점 규제 강도를 높이고 있지만 부동산가격은 안정되지 않았습니다. 정부의 규제에는 한계가 있고, 정부가 시장의 힘을 이길 수는 없다는 반증이라고 생각합니다. 정리하면 정부의 규제 때문에 투자에 제약이 따르는 것은 사실이지만 부동산투자는 할 수 있고, 실력을 갖추고 열정이 있으면 좋은 결과를 얻을 수 있다고 봅니다. 여윳돈이 없는 저소득계층의 어려움은 더 클 것입니다. 부자들은 대출 없이도 고가주택을 구입할 수 있지만 여윳돈이 부족한 계층은 대출을 통한 투자의 유동성 고리가 끊기기 때문입니다. 자본금이 적다는 것은 큰 약점이지만, 실력을 쌓고 열정적으로 노력하면 반드시 경제적으로 자유로워질 수 있습니다.

당장 급한 독자들을 위한 필자와의 심층 인터뷰

Q. 지금 같은 혼란기에도 부동산투자를 해도 된다는 말씀인데, 그렇다면 부유층과 서민층은 각각 어떤 유형의 투자가 유망한지 말씀해주세요.

A. 부동산투자에 좋은 환경이 따로 있을까요? 그간의 경험으로 보면 부동산시장이 요동칠 때 수익률이 더 높은 경우가 많았습니다. 따라서 부동산에 투자하기 좋은 환경보다는 부동산투자에 필요한 전문지식이 투자의 성패를 가른다고 생각합니다. 60년대 말 부동산시장이 형성된 이후 불과 50년 만에 부동산시장은 천문학적으로 성장했지만 부침도 많았습니다. 부동산시장이 상승과 하락을 반복할 때마다 정부도 규제 강화와 완화를 반복했고, 그런 과정에서 부동산투자가 이루어졌기 때문에 좋은 환경보다는 투자자의 실력이 성패를 좌우한다고 보는 것이 맞을 겁니다.

2000년대 중반까지는 부동산가격이 꾸준히 상승했기 때문에 부동산을 사놓고 기다리면 가격상승으로 수익을 낼 수 있었지만 지금은 흐름이 바뀌었습니다. 2007년 집값이 고점을 찍은 후부터는 특정 지역의 집값만 오르고 다른 지역은 정체되거나 하락합니다. 시장을 주도하던 대형아파트는 가격이 정체되거나 하락하고 환금성까지 떨어져 애물단지로 전락한 반면, 85㎡ 이하의 중소형아파트가 그 자리를 대신해 꾸준히 상승합니다. 독신가구의 폭발적인 증가로 원룸시장이 호황입니다. 이처럼 확 달라진 시장에선 '기다려라, 기다리면 반드시 오른다'는 셈법은 더이상 통하지 않습니다.

Q. 지금까지 서민들은 부족한 자금으로 큰돈을 벌기 위해 레버리지 투자를 많이 했습니다. 정부의 대출규제로 레버리지 투자가 어려워진 상황에서 서민들은 어떤 투자가 가능할까요?

A. 정부의 대출규제로 서민층은 자유로운 부동산투자가 불가능해졌습니다. 정부가 주택보유 수를 기준으로 대출규제를 하고, 1주택이라도 규제지역 내에서 주택을 구입할 경우 대출이 제한되기 때문에 투자대상과 지역 등에도 제약이 있습니다. 예를 들어 자금 여유가 없는 서민계층이 경매투자를 할 경우 과거엔 자기 돈 일부와 은행 대출금으로 대금을 납부했지만, 지금은 정부의 대출규제로 이런 방법이 어려워진 겁니다. 그러나 '이 없으면 잇몸으로 산다'는 말처럼 정부규제 때문에 부동산투자를 못 하는 건 아닙니다. 시장은 넓고 규제 사각지대는 반드시 존재하기 때문에 얼마든지 가능합니다. 다만 더 많이 노력해야 합니다.

저는 개인적으로 정부의 지나친 규제가 국가경제와 서민들의 삶에 악영향을 미친다고 생각합니다. 부동산 안정을 위한 규제 강화로 건설·부동산 산업이 위축되고 일자리가 감소하는 것은 이미 통계로 나타났고, 이는 문재인 정부의 '소득주도 성장' 정책과도 배치됩니다. 내수경기가 위축되고 세수입도 감소합니다. 정부가 보유주택 수를 기준으로 획일적으로 대출규제를 하기 때문에 투기가 아닌 정당한 투자도 제한받습니다. 소득감소로 미래가 불안한 청년층이 불과 몇천만 원으로 하는 창의적인 투자까지 제한을 받는 것이 안타깝습니다. 그런 점에서 주택의 수를 기준으로 하는 획일적인 대출규제는 개선되어야 한다고 생각합니다. 이를테면 대출규제 대상에서 일정 금액(1~2억 원) 이하 주택은 제외하는 식으로 말입니다.

Q. 인구절벽 시대에 진입한 한국도 과거 일본의 '잃어버린 20년' 같은 버블붕괴가 나타날 가능성이 있다고 우려하는 의견이 있습니다. 우리나라도 일본처럼 버블붕괴가 발생할 수 있다고 보시나요?

A. 결론부터 말씀드리면 한국에는 일본 같은 버블붕괴는 발생하지 않는다고 확신합니다. 물론 우리나라에도 부동산 버블이 있었습니다. 경제성장과 가계의 가처분소득 증가가 꾸준히 동반상승하던 2000년대 초에는 풍부한 유동성으로 자고 나면 신고가를 다시 썼습니다. 그러다 미국발 금융위기인 리먼

쇼크와 MB정부의 보금자리주택 정책 등의 영향으로 집값이 폭락했지요. 말하자면 이때 이미 버블이 꺼졌다고 볼 수 있습니다. 그 후 부동산가격은 완만한 회복세를 보이며 중소형아파트는 대부분 전고점을 회복했고, 대형아파트는 못 하고 있습니다. 따라서 현재는 버블이 아니라고 생각합니다.

설사 일부 버블이 있다고 하더라도 과거 일본 같은 심각한 상황은 아니고, 게다가 한국의 주거형태나 주거지, 인구구조 등이 일본과 다르기 때문에 그 가능성은 낮다고 봅니다. 특히 과거 일본의 버블붕괴 즉 이른바 '일본의 잃어버린 20년'은 일본의 인구절벽이 주원인이 아니라 '플라자합의'가 근본 원인이었습니다. 이에 관해서도 본문에서 상세히 설명하겠습니다.

당장 급한 독자들을 위한 필자와의 심층 인터뷰

앞으로 10년,
부동산은 어떤 흐름을 보일까?

01

대한민국 부동산시장, 현재

— 경제성장과 궤를 같이하며 엄청나게 성장한 부동산 —

우리나라 자산시장에서 부동산시가총액은 약 6000조 원으로 추산된다. 국내 가계자산에서 부동산이 차지하는 비중이 약 70% 인 점을 생각하면 우리 국민, 특히 50대 이상은 부동산재테크를 통해 부를 축적했다고 봐도 무리가 아니다.

8.15 광복 후 우리나라 토지의 80%는 지주의 소유였다. 1949 년 6월 「농지개혁법」이 제정되었지만 지주들의 반발과 한국전쟁 등으로 지연되다가 1967년에서야 토지분배가 일단락되었으니, 일 반 국민들이 부동산을 소유하게 된 60년대 말부터 부동산시장이 만들어진 셈이다. 그로부터 불과 50여 년 만에 부동산시가총액이 6000조 원으로 늘었으니 엄청난 성장이다. 70년대 초 박정희 정

부의 수출 제1주의와 중화학공업 정책으로 사람들이 도시로 몰려들자 서울은 무허가 불량주택으로 뒤덮였다. 아파트를 주거 대안으로 선택한 정부는 「주택건설촉진법」을 제정해 주택공급정책을 강력히 추진했고, 그 결과 아파트가 대량으로 건설되었다.

80~90년대 연 8%대의 높은 경제성장으로 가계의 가처분소득이 증가하자 가계와 기업의 여윳돈이 부동산시장으로 유입되면서 부동산가격도 상승했다. 아파트가격에 프리미엄이 붙자 아파트에 투자하면 재산을 증식할 수 있으니 돈이 몰렸고, 70년대 중반부터 이른바 '복부인'이 등장하면서 투기가 성행했다. 이에 정부는 분양가상한제를 비롯한 양도세 강화, 토지거래 허가제, 기준지가 고시, 비업무용 토지 세제 강화 등 부동산 투기 억제 정책을 강력히 시행했다. 경기변동에 따라 규제 강화와 완화를 반복했지만 부동산가격은 2000년대 중반, 정확히는 2007년 하반기에 고점을 찍을 때까지 가히 천문학적으로 상승했다.

― 대한민국의 경제적·사회적 변화 ―

2007년 하반기에 고점을 찍은 후부터는 오르는 부동산만 오르고 다른 지역은 정체되거나 하락한다. 공가(空家) 발생도 점차 늘고 있다. 좀 더 자세히 들여다보면 노령화 및 인구구조의 변화, 저성장 저소득 같은 경제적·사회적 변화가 그 원인이다.

우리 경제는 생각보다 빨리 고도성장시대를 마감하고 저성장의 늪에 빠져들었다. 수출 위주의 산업구조 때문에 경제가 성장해도 가계의 가처분소득은 증가가 미흡하다. 제조업이 효율성을 앞세워 기계나 로봇으로 일자리를 대체하고, 생산공장을 임금이 저렴한 국가로 옮기면서 근로자 일자리가 줄어든다. 출생률 감소와 노령 인구 증가로 내수경기가 침체되고, 청년실업과 조기퇴직자 증가로 가계의 가처분소득이 감소한다. 이런 경제적 · 사회적인 변화가 부동산시장의 흐름을 바꿔놓았다.

우리 경제는 IMF 외환위기 이후 고성장세를 멈췄다. 외환위기 이전(1987~1997년)에는 8%대의 높은 경제성장률을 기록했지만, 외환위기 이후(1997~2007년)에는 5%대로, 2008년 이후엔 연평균 2%대로 주저앉았다. 그럼 왜 우리 경제가 갑자기 저성장의 늪에 빠졌을까? 1997년 여름 태국, 말레이시아, 인도네시아에서 먼저 발생한 외환위기는 그해 가을 한국에서도 발생했다. 동아시아의 외환위기는 한국을 포함한 신흥국들의 단기외채 즉 달러 빚이 문제라고 알려졌지만 사실은 미국의 통화정책, 즉 고환율에 의한 달러 강세가 주원인이었다. 미국이 세계경제의 질서를 안정시키는 통화 패권국가로서의 역할을 버리고 자국 경제를 우선시하는 미국 우선주의로 돌아서자, 미국의 통화정책(금리 상승과 하락에 동반되는 달러 강 · 약세)에 따라 세계경제가 마구 흔들렸기 때문이다.

— 그에 따른 대한민국 부동산시장의 변화 —

이런 경제적·사회적 변화는 부동산시장에도 많은 영향을 미쳐 그 중심을 대형아파트에서 소형아파트로 바꿔놓았다. 2000년대 중반까지 시장을 주도하던 대형아파트는 가격이 정체되거나 하락하고 환금성이 떨어져 애물단지로 전락한 반면, 가격이 꾸준히 상승하고 환금성도 뛰어난 중소형아파트(85㎡ 이하)가 그 자리를 대신한다. 토지시장도 수요가 있는 지역만 가격이 오르고 그렇지 못한 지역은 정체되었다. 상업용 건물도 같은 패턴을 보였다.

한편 사회적인 변화에 의해 수요와 공급이 확장되는 시장도 있다. 인구증가 속도 둔화 및 인구감소 문제에도 불구하고 가구 수는 오히려 증가한다. 1~2인 가구의 폭발적인 증가로 오피스텔, 다가구·다세대, 도시형생활주택(이하 '도생') 등 '원룸시장'이 호황이다. 1인가구 증가 속도가 공급량을 추월할 정도로 빨라지자 도심 역세권, 대학교 인근, 공단 및 벤처단지 주변 등에 원룸이 대량으로 건설되었다. 일부 언론이 과잉공급이라고 지적할 정도인데도 수요는 꾸준히 증가해 원룸시장은 불황을 모른다.

독신가구 대부분은 20~30대 청춘들이어서 원룸주택을 구입할 수 있는 경제적인 능력이 부족하다. 그래서 보증금을 내고 월세를 지불하는 조건으로 원룸을 임차한다. 이런 상황을 반기는 수요가 있으니 바로 고령은퇴세대와 저소득계층이다. 고령은퇴세대가 노후생활비 마련을 위해 기존 주택을 줄여 원룸을 구입하거나, 소득감소로 미래가 불안한 가계가 연금처럼 월세를 받기 위해 원룸에 투자한다. 이처럼 수요와 공급이 확장되었기 때문에 원룸의 호황 장세가 이어진다.

— 우리 부동산시장의 구조적인 문제점 : 낡은 주택, 새 아파트 공급 부족 —

한편 우리 부동산시장은 '낡아가는 도심'과 '새 아파트 공급 부족'이라는 구조적인 문제를 안고 있다. 도심 주택이 점점 낡아가기 때문에 새 아파트에 대한 소비자들의 열망은 대단하지만, 현재 강남을 비롯한 대도시 도심의 택지개발은 불가능하고 재건축·재개발 등의 정비사업을 통한 공급만 가능한 상황이다. 정부는 2014년 9월 「택지개발촉진법」을 폐지하고 「공동주택법」과 「도시개발법」을 바탕으로 중소형 택지를 공급하겠다고 밝히면서 대규모 택지개발을 중단하고 도시정비사업을 통한 공급에 주력했다. 실제로 서울은 2013년 강서구 마곡지구를 끝으로 택지개발을 중단했고, 90%에 가까운 아파트 분양물량이 재건축·재개발을 통해 공급되고 있다. 즉 서울에서 새 아파트를 분양받으려면 재건축·재개발 말고는 다른 방법이 없으니 재건축아파트에 묻지마식 투자가 몰리는 것이다.

이처럼 재건축아파트 가격이 상승하는 것은 우리 부동산시장의 구조적인 문제가 근본 원인이다. 누구나 불편한 구형 아파트보다 편리하고 쾌적한 새 아파트에 살고 싶어 한다. 교통, 교육환경, 편익시설 등이 우수하고 직장과 가까운 곳에 살기를 소망한다. 강남을 비롯한 대도시 도심에선 재건축 아파트단지가 바로 그런 곳이다. 재건축단지는 입지가 우수한 데다가 교통 등 인프라가 잘 갖춰져 있고, 교육환경, 편익시설이 우수하며 업무시설과도 가깝다. 게다가 재건축 이후엔 구형 아파트와는 완전히 다른 아파트로 탈바꿈하기 때문에 재건축 완공·입주 후 가격이 천정부지로 치솟아 엄청난 차익을 덤으로 안겨주기 때문에 투자가 몰린다.

─ 고강도 부동산규제로 혼돈에 빠진 부동산시장 ─

2008년 미국발 금융위기인 리먼 쇼크와 MB정부의 보금자리주택 등의 영향으로 2009년 주택가격이 폭락했다. 이후 완만한 회복세를 보이다가 2015년부터 상승세로 돌아섰고, 2017년 문재인 정부 출범 이후에는 급등세로 돌아섰다. 이에 문재인 정부가 6.13대책, 8.2대책을 비롯한 수차례의 대책을 발표했음에도 불구하고 주택가격 상승세는 멈추지 않았다. 급기야 정부는 사상 유래가 없는 9.13대책을 발표하기에 이르렀고, 그 이후 주택가격 상승세가 잠시 멈췄다. 이런 전방위적인 규제로 거래가 실종되면서 부동산시장은 혼돈에 빠졌다. 자산(매매)시장은 그야말로 올스톱 상태다. 그나마 다행인 것은 운영(임대)시장은 비교적 괜찮다는 점이다. 세계적인 공유경제 열풍으로 우리나라에도 공유주택 창업이 늘어나면서 운영시장은 오히려 활기를 띠고 있다. '공유경제'란 하나의 제품을 여럿이 필요에 따라 공유하여 사용하는 일종의 협력 소비를 말하는데 '셰어하우스'와 '에어비앤비'가 대표적이다. 앞으로 자세히 다룰 것이다.

─ 세계적인 공유경제 확산으로 확장된 공유주택시장 ─

4차 산업혁명시대에 세계적으로 '공유경제'가 확산되면서 우리나라도 '공유주택'의 확장세가 가파르다. 독신가구 혹은 1~2인 가구의 폭발적인 증가로 원룸시장이 호황이지만, 공간이 좁은 원룸은 생활하기에 불편한 것이 사실이다. 최근에는 원룸의 이런 약점을 커버하는 '셰어하우스' 창업이 급속히 증가하고 있다. 셰어하우스는 개인적인 공간인 침실은 각자 따로 사용하지만 거실·화장실·욕실 등의 공동시설이 원룸보다 넓고 편리하며 비용도 저렴하다. 주택을 구입하지 않고 타인의 주택을 임대해서 서브리스(전대) 방식으로 운영할 수 있기 때문에 앞으로 가파른 성장세를 이어갈 것으로 예상된다.

또 '에어비앤비'를 이용한 게스트하우스 즉 '외국인 관광 도시민박업'과 '농어촌 숙박업'도 가파른 성장세를 이어가고 있다. 에어비앤비는 미국에서 창립된 숙박 공유 플랫폼 스타트업이다. 우리나라도 외국인 관광객의 증가로 여행자가 머물 곳이 부족하다. 새로운 숙박시설을 짓는 대신 에어비앤비를 활성화하면 기존 주택을 활용할 수 있으므로 정부는 이미 「외국인관광 도시민박업」에

Part 1. 부동산 전망 편

관한 법률(관광진흥법 시행령)을 제정·시행하고 있다. 에어비앤비와 연계한 게스트하우스 사업 역시 자가주택뿐만 아니라 타인의 주택을 임대하여 사업하는 것도 가능하기 때문에 앞으로 가파른 성장세가 예상된다.

신도시건설 이전의 부동산 전망, 앞으로 5년

— 문재인 정부의 고강도 부동산대책 —

문재인 정부는 임기 절반을 넘긴 2019년 말까지 6.19대책을 필두로 무려 18차례나 부동산대책을 발표했다. 특히 9.13대책에서는 '수도권에 신도시(3기)를 건설해 주택 30만 호를 공급한다'는 공급대책을 발표했다. 하지만 서울의 아파트가격은 지난 2년 반 동안(2017년 1월~2019년 11월) 평균 약 40%나 상승했다. 이것은 역대 정권 중 두 번째로 높은 것이다.

2019년 11월, 경제정의실천시민연합(경실련)이 국민은행 아파트 시세 자료를 바탕으로 서울 소재 34개 주요 아파트 단지를 분석한 결과 발표가 있었다. 이에 의하면 '2017년 5월 서울 아파트 값은 평당 3415만 원이었는데, 2019년 11월 현재는 5051만 원으

Part 1. 부농산 선망 편

로 25평 기준 약 4억 원(8억 5000만 원→12억 6000만 원)이 올랐다'
고 한다.

2019년 12월 10일《매일경제신문》의 보도에 의하면 부동산
114가 2017년 1월부터 2019년 12월까지 국토교통부 실거래가
시스템에 매매신고된 서울 아파트 24만 1621건을 전수 조사한 결
과 2019년 하반기 서울 아파트 평균 실거래가격은 8억 2376만
원으로, 2017년 상반기 5억 8524만 원에 비해 40.8%, 평균 2억
3852만 원이 오른 것으로 나타났다.

역대 최강의 규제책으로 불리는 8.2대책, 9.13대책, 민간택지 분
양가상한제 등을 쏟아부었음에도 아파트가격이 급등세를 이어가
자, 문재인 정부는 또다시 12.16대책을 발표했다. 9억 원 이상의
고가주택에 대한 대출규제와 세금증세(보유세 강화)가 핵심인 강력
한 대책이다. 12.16대책 발표 후 거래가 실종돼 집값 상승폭이 둔
화되고 일부 지역(재건축)에서는 호가가 낮아졌지만, 앞으로 서울
아파트가격이 안정될지는 여전히 미지수다. 따라서 이 책에서는
신도시건설 완공 이전(5년)과 신도시건설 완공 이후(10년)로 나누
어 부동산 흐름을 전망하려고 한다. 먼저 신도시건설 전의 상황부
터 알아보자.

─ 12.16대책으로 부동산 흐름이 바뀔까? ─

12.16대책 이후 주택가격 상승 폭이 둔화되었다. 재건축아파트

의 경우는 호가가 1~3억 원 낮아졌다. 그럼 앞으로 서울 아파트가격이 상승세를 멈추고 안정될 수 있을까? 필자의 생각은 회의적이다. 강력한 수요억제책에 의한 거래절벽으로 아파트가격 상승세가 한풀 꺾였지만, 다가올 5년(신도시건설 이전) 안에 주택가격 상승의 진앙지인 강남 등 핵심지역의 아파트가격은 다시 상승세로 돌아설 가능성이 높고, 그 시기는 재건축아파트 일반 분양 및 완공 이후가 될 것이며, 그 영향으로 주변의 아파트가격도 상승세로 돌아설 가능성이 높다. 과거에 재건축이 기폭제가 되어 아파트가격이 상승한 것처럼 이번에도 그럴 것이라 보는 것이다. 2015년경 강남 재건축 일반분양에 구름떼처럼 인파가 몰렸고, 재건축 완공 이후 아파트가격이 천정부지로 치솟아 주변 아파트가격에 영향을 주었듯이 이번에도 그럴 가능성이 높아 보인다.

앞에서 자세히 본 것처럼 우리 부동산시장은 '낡아가는 도심과 새 아파트 공급 부족'이라는 구조적인 문제를 안고 있다. 정부가 수도권 3기 신도시 구역지정을 완료했지만, 강남 등 핵심지역의 주택가격 안정엔 크게 영향을 미치지 못할 것으로 예상된다. 강남을 대체할 만한 지역이 사실상 없기 때문이다. 따라서 12.16대책에도 불구하고 강남을 비롯한 핵심지역의 주택가격 안정은 쉽지 않아 보인다.

— 주택가격 상승의 원인은 공급시스템의 붕괴다 —

이런 전방위적인 대책에도 불구하고 주택가격이 안정되지 않는 가장 큰 원인은 공급시스템의 붕괴라고 생각한다. 정부는 2014년부터 수도권 공공택지 개발을 중단하고 재건축·재개발 등 정비 사업을 통한 공급으로 전환했다. 그런데 정부의 재건축·재개발규제로 공급 시스템은 사실상 붕괴되었다고 봐야 한다. 지금 집값이 상승하는 것은 주택의 절대량이 부족해서가 아니라, 사람들이 살고 싶어 하는 새 아파트가 부족한 것이 원인이다. 도심의 주택이 낡아가는데 새 아파트 공급은 부족하기만 하다. 사람들은 교육, 교통 등의 인프라가 잘 갖춰진 곳에 내 집을 마련하고 싶어 하는데 재건축단지가 바로 그런 곳이다. 정부의 다주택자 규제가 이어지자 '똘똘한 1채'를 갖기 위해 각지각처에서 투자가 몰려 강남 등 핵심 지역의 집값이 상승한다. 그런데 정부가 집값 상승의 주원인을 투기적 수요로 판단하고 규제로 일관하기 때문에 문제가 해결되지 않고 오히려 더 꼬인다.

— 신도시건설 이전 부동산 흐름은 큰 변화가 없다 —

최근 정부가 수도권 3기 신도시구역을 확정하자, '주택가격 하향 안정세가 더욱 뚜렷하다'는 전문가 의견과 언론보도가 잇따랐다. 그러나 다가올 5년, 즉 신도시건설 이전 동안은 심리적인 효과뿐이라 주택가격 안정에 큰 영향을 미치지는 못할 것이다. 특히 정부가 확정한 신도시 5곳과 중소규모 택지개발지구 81곳 중 집값 안정에 영향을 미칠 만한 지역은 사실상 신도시 5곳뿐이고 나머지 지역은 1개의 아파트단지나 택지개발지구에 불과하다. 따라서 신도시건설 완공 이전엔 부동산 흐름에 큰 변화가 없을 것으로 전망된다.

오히려 참여정부 때처럼 주택가격 상승요인으로 작용할 가능성도 있다. 참여정부 당시 수도권 6곳에 신도시건설을 추진했지만 주택가격은 오히려 상승했다. 신도시건설로 풀린 대규모 토지매수 자금이 강남 등 핵심지역 부동산시장으로 흘러들어가 매수에 가담했기 때문이다. 당시 필자의 회사도 파주 · 운정신도시 아파트건설에 참여했기 때문에 잘 알지만, 거액의 토지대금을 수령한 사람들이 강남 등 핵심지역에 아파트를 구입하는 것으로 나타났다.

─ 투기에 대한 국민(소비자)과 정부의 관점 차이 ─

정부의 고강도 규제에도 불구하고 효과가 즉각 나타나지 않는 것은 국민(소비자)과 정부 사이에 현격한 관점의 차이가 존재하기 때문이다. '투자는 소득이득과 자본이득 모두를 목적으로 하는 반면, 투기는 소득이득만을 목적으로 한다'는 부동산학 정의처럼 투자와 투기의 경계는 대단히 모호하다. 국민은 투기의 범위를 경제적 관점에서 좁게 보는 반면, 정부는 사회 · 정치적 관점에서 넓게 본다. 즉 국민은 '부자가 더 많은 부를 축적하기 위해 부동산을 구입하는 행위' 등을 투기로 보는 반면, 정부는 '실수요자를 제외한 모든 수요'를 투기로 본다. 이런 차이 때문에 정부정책에 고분고분 따르지 않고 규제를 피할 방법을 찾는 악순환이 계속되는 것이다.

어느새 우리 국민은 자유시장 경제에 익숙해졌다. 시장은 사회가 원하는 상품을 사회가 원하는 양만큼 생산하도록 조정하는 기능을 가졌다. 또한 자기이익만 챙기려는 반사회적이고 위험한 세력도 시장체제의 핵심 메커니즘인 '경쟁'을 통해 질서를 지키도록 강제한다. 시장의 탁월한 기능과 능력을 통해 사회적으로 바람직한 방향으로 나갈 수 있다고 생각한다. 이런 이유로 '정부가 시장에서 공정한 심판자 역할을 하면 되지 개인이 법의 테두리 안에서 투자하는 것까지 규제할 하등의 이유가 없다'고 말하는 것이다. 개인의 사적 재산권은 헌법에 보장된 국민의 권리인데 정부가 개인의 재산 형성에 간섭하고 규제하는 것은 지나치다고 본다.

─ 저소득계층의 불만이 더 크다 ─

국민은 규제에 치우친 정부정책에 불만이 많다. 특히 저소득계층은 더하다. 소득감소로 미래가 불안한 가계나 청춘들이 허리띠를 졸라매고 종잣돈을 모아 부동산 재테크를 통해 삶을 개선하려 하지만 1~2억 원 정도의 저가주택까지 주택 수에 포함시켜 규제를 하니 자금줄이 차단돼 투자가 어렵다. 소득불균형으로 인한 양극화는 세계가 공통적으로 안고 있는 큰 문제다. 세계경제를 이끄는 미국도 예외가 아니다. 미국 국민의 소득불균형도 심각한데, 중요한 것은 하위 25%에 해당하는 빈곤 가계의 상당 부분을 청년 층과 노년층이 차지하고 있다는 점이다. 그런데도 미국 정부는 이를 해결하지 못한다.

'가난 구제는 나라님도 못 한다'는 속담처럼 동서고금을 망라하고 국가가 개인의 생계까지 책임지는 경우는 찾기 어렵다. 따라서 개인은 스스로 노력해서 경제적으로 자유로워져야 한다. 그런데 정부의 지나친 규제로 개인의 경제활동이 제약을 받는다면 개인의 정당한 권리를 정부가 뺏는 꼴이다.

[미국의 자산에 따른 가계 분포(1998년)]

가계의 퍼센트	순 자산
하위 25%	5000달러 이하
그다음 30%	5000~5만 달러
그다음 35%	5~25만 달러
최상위 10%	25만 달러 이상

• 출처: ECONOMICS 로버트 하일브로너 레스터 서로

— **결론** —

분양가상한제와 12.16대책에도 불구하고 부동산 흐름은 큰 변화가 없을 것으로 전망된다. 특히 분양가상한제로 인한 '로또분양' 현실화로, 분양시장에 구름떼 같은 인파가 몰려들면서 수요층을 자극할 것이고, 그에 따라 서울 집값이 요동칠 것이다. 물론 정

부 규제에 의한 거래절벽으로 일시적인 숨 고르기(조정)는 불가피해 보이지만, 일정 기간 경과 후엔 다시 상승세로 돌아설 가능성이 높아 보인다. 그리고 9억 원 이상 주택에 대한 대출규제로 9억 원 이하 주택으로 매수세가 옮겨가는 풍선효과가 나타날 수 있고, 전세가격이 상승할 가능성도 있다. 반면 지방의 집값 하락 및 미분양 확대로 양극화는 확대될 것이며, 대형아파트 관망, 소형아파트 약진, 원룸시장 호황 등의 시장흐름은 큰 변화가 없을 것으로 전망된다. 수도권 내에서도 양극화는 확대될 것으로 예상된다. 특히 수도권 3기 신도시건설의 영향을 가장 크게 받을 수도권 1기 신도시는 집값의 격차가 더 커질 것이다. 이에 관해서는 'Part 3. 일반투자편'에서 상세히 살펴보자.

03

신도시건설 이후의 부동산 전망, 앞으로 10년

― 지금 부동산시장 상황은 참여정부 때와 흡사하다 ―

참여정부 당시에도 주택가격 상승의 진앙지는 강남이었고 재건축아파트가 가격상승을 주도했는데, 지금도 그렇다. 참여정부 당시엔 2003년 이전에 사업시행인가를 받은 재건축아파트 분양에 엄청난 사람들이 몰려들면서 그야말로 부동산 광풍이 불었다. 지금은 참여정부 때 시행한 재건축 규제를 MB정부, 박근혜 정부가 대부분 풀었기 때문에 고밀도지구 재건축 추진이 탄력을 받으면서 재건축단지에 엄청난 투자가 몰리고 집값 상승을 주도한다. 현정부의 부동산정책도 참여정부 때와 거의 같다. 한 가지 다른 점이라면 참여정부는 공급대책을 먼저 시행하고 나중에 규제책을 시행한 반면, 문재인 정부는 규제책을 먼저 시행하고 나중에 공급대책을 발표했다는 점이다.

참여정부는 정권 초, 치솟는 주택가격 안정을 위해 수도권 6곳에 신도시건설을 추진했다. 신도시건설 발표에도 불구하고 주택가격이 안정되지 않고 오히려 상승하자 이른바 '부동산 대못정책'을 시행했지만 참여정부는 끝내 부동산가격 안정화를 이루지 못했고 MB정부에 와서야 안정되었다. MB정부가 잘해서가 아니라 MB정부에 이르러 수도권 2기 신도시가 완공되어 입주가 시작되었기 때문이다. 그런 점에서 필자는 참여정부의 수도권 2기 신도시건설은 시의적절하고 시장과 부합하는 정책이었다고 평가한다. 다만, 신도시건설이 완료돼 입주가 시작되면 집값이 안정될 텐데 조급하게 새로운 정책을 추진한 것이 아쉽다.

─ 정권의 실적을 위한 정책은 시장에 혼란만 초래한다 ─

MB정부는 오히려 무리한 정책 추진으로 나쁜 선례를 남기고 집값이 폭락하는 참상을 불렀다. 노태우 정부의 수도권 1기 신도시건설, 참여정부의 수도권 2기 신도시건설은 모두 그린벨트를 벗어나 서울과 10~30km 이상 떨어진 지역이었다. 그런데 MB정부는 서울과 가까운 지역의 그린벨트를 해제해 아파트를 짓는 보금자리주택을 추진하여 '그린벨트 해제'라는 나쁜 선례를 남겼다. 그리고 아파트를 반값에, 나중에는 80%에 분양한 보금자리주택 정책은 시장경제 원칙, 즉 자유경쟁에 의해 시장에서 가격이 형성되는 경제원칙에 배치되는 무리한 것이었다. 더욱이 당시 2기 신도시건설이 마무리 단계에 접어들었는데도 MB정부가 정권의 실적을 위해 또다시 보금자리주택을 추진해 결국 주택가격 폭락사태를 불렀고, 그로 인해 국민들은 물적·정신적으로 엄청난 피해를 입었다. 특히 레버리지를 이용해 주택을 구입한 '하우스 푸어'들이 직격탄을 맞았다.

이처럼 정권이 바뀔 때마다 정권의 실적을 위해 무리한 정책을 추진하거나, 냉탕 온탕식 정책을 반복해 부동산시장에 혼란을 초래하는 경우가 많다. 택지개발을 통한 공급은 6~7년, 재건축·재개발을 통한 공급은 8~11년 이상이 필요하기 때문에 정부의 부동산정책은 장기적인 계획에 의해 추진하는 것이 바람직하다. 그런데 5년 단임제라는 정권 임기 안에 성과를 내기 위해 무리한 정책을 추진하다 보니 문제가 해결되기보다는 혼란을 가져오는 경우가 많다. 그런 점에서 문재인 정부가 또다시 그린벨트를 해제해서 추진하는 수도권 3기 신도시건설이 과연 타당한지, 시장과 부합하고 시의적절한 정책인지 의문이다.

─ 수도권 3기 신도시건설이 부동산에 미치는 영향은? ─

문재인 정부는 주택가격 안정을 위해 수도권 3기 신도시건설 계획을 발표하고 1, 2, 3차에 걸쳐 후보지를 확정했다. 서울에 거의 붙어 있는 고양 창릉, 하남 교산 등 신도시 5곳을 비롯해 무려 81

곳에 중소규모 택지를 개발해 주택 30만 호를 공급한다는 계획이다. 그럼 수도권 3기 신도시건설로 집값 문제가 해결될까? 원론적으로 보면 대규모 공급이 이루어지면 수요공급의 원칙에 따라 가격이 하락하는 것이 원칙이다. 그러나 부동산은 꼭 그렇게 된다는 보장이 없다. 부동성이라는 부동산의 특성 때문에 지역에 따라 가격이 하락 또는 상승할 수 있기 때문이다. 따라서 신도시건설이 수도권 부동산에 미치는 영향은 여러 가지 시나리오가 가능하다. 최상의 시나리오가 나타날 수 있지만 최악의 시나리오도 배제할 수 없다.

― 아쉽게도 최상의 시나리오를 기대하기는 어렵다 ―

정부가 새로 신도시를 건설하는 목적은 공급을 늘려 집값을 안정시키려는 것이다. 수도권에 신도시를 건설하면 서울 수요가 분산돼 주택가격이 안정될 것으로 예상하고, 특히 고가의 강남 집값을 잡겠다는 것이 목표다. 그러나 이런 최상의 시나리오가 실현되기는 어려워 보인다. 집값 상승의 진앙지인 강남을 비롯한 핵심지역은 신도시건설의 영향이 크지 않을 것이기 때문이다. 고양 창릉, 하남 교산 등 5곳에 신도시를 건설하더라도 강남3구, 용산, 마포, 종로, 성수 등 핵심지역 사람들이 그곳으로 이주할 가능성은 높지 않다. 특히 반포, 압구정, 청담, 삼성, 대치, 도곡 등은 미국의 베버리힐즈나 호주의 골드코스트 부자마을처럼 상징적인 지역이어서 그 어떤 지역도 대체 불가능하다.

― 최악의 시나리오도 배제할 수 없다 ―

최상의 시나리오가 서울과 수도권의 집값 안정과 고가의 강남 집값을 잡는 것이라면 최악의 시나리오는 어떤 것일까? 서울과 수도권 주택가격 안정에 미치는 영향은 미미한데, 지역별 주택가격 양극화가 확대되어 심각한 부작용이 발생하는 것이다. 수도권에 새로 도시를 건설하여 대량공급이 이루어지면 강남과 핵심지역을 제외한 서울과 수도권 주택가격은 하락할 가능성이 매우 높다. 그 결과 지역별 주택가격 양극화는 더 확대될 것이다. 하지만 오히려 집값이 상승하는 지역도 있을 것이다. 이유는 신도시 아파트 분양 가격이 주변 지역보다 높을 수 있기 때문이다.

필자의 회사가 참여정부 당시 파주 운정신도시 아파트 건설에 참여한 적이 있었는데, 그때 파주시 택지개발지구의 새 아파트가 격은 3.3㎡당 600~700만 원 정도였다. 그런데 운정신도시 아파트 분양가격이 3.3㎡당 1000만 원으로 더 높았고, 이것이 주변 아파트가격을 끌어올리는 역할을 했다. 분양가상한제를 적용했는데도 아파트가격이 높았던 것은 택지분양가격이 높았기 때문이다. 당시 LH공사의 토지수용(협의매수) 가격은 3.3㎡당 100만 원을 약간 넘는 정도였는데, 아파트 택지분양가격은 3.3㎡당 600~660만 원으로 6배나 되었다. 택지분양가격이 이렇게 높았던 이유는 공공용지(도로, 공원, 광장 녹지 등) 비율이 50% 가까이 되는 데다가 간선도로 건설비용을 국가나 지방자치단체가 부담하지 않고 수익자부담원칙에 따라 당해 사업에 부담시켰기 때문이다. 당시에는 제2자유로 건설비용 약 3조 2000어 원을 운정신도시 사업에 부담시켰다. 이런 식으로 신도시 분양가격이 주변 지역보다 높을 수 있고, 지역에 따라서는 기존 주택가격까지 상승하는 곳도 있을 것이다.

─ 도시의 슬럼화가 진행될 수도 있다 ─

사실 신도시건설의 영향으로 주택가격이 하락·상승하는 것은 흔히 있었던 일로 큰 문제가 아니다. 그러나 기존 신도시 주택가격이 심각하게 하락하고 도시 슬럼화가 진행된다면 이는 최악이다. 기존 신도시가 슬럼화된다니 무슨 말인가 하겠지만 과거 '홍콩의 아파트 슬럼화'나 일본의 '신도시 몰락'을 보면 우리도 이런 경우를 완전히 배제하기는 힘들다. 물론 우리나라는 홍콩이나 일본과 달라서 그 가능성이 매우 낮지만 수도권 1~2기 신도시보다 서울과 더 가까운 곳에 새로운 신도시를 건설하기 때문에 이런 우려를 무시할 수 없다. 일부 전문가는 '일본의 잃어버린 20년은 인구절벽이 원인이었다. 출산율이 감소하고 고령인구가 증가하자 제조업 가동률이 떨어지고 내수경기가 침체되어 부동산경기가 침체되었다. 젊은 층이 일자리를 찾아 대도시로 썰물처럼 빠져나면서 경기 팽창 시기에 건설한 신도시 중 불 꺼진 도시가 점차 늘어난 것이다'라고 주장하지만, 이는 사실과 많이 다르다. 일본의 신도시 몰락은 도쿄의 도심재생사업이 주원인이었고, 홍콩의 아파트 슬럼화는 아파트 노후화가 주원인이었다.

2002년경 출범한 고이즈미 내각은 도쿄의 도심재생사업을 적극적으로 추진했다. 도쿄 역세권을 중심으로 '롯본기 힐스' 같은 거대한 초고층 건물을 짓고 건물마다 주거, 업무(직장), 상업, 문화 등 복합 기능을 가진 복합도시를 건설했다. 그러자 베드타운 기능만 하던 도쿄 주변 신도시에서 청장년층이 대거 빠져나오면서 도쿄 주변의 신도시가 몰락했던 것이다. 경우는 좀 다르지만 우리나라도 1~2기 신도시보다 서울과 더 가까운 곳에 새로 도시를 건설하면 기존 신도시 거주자들이 서울과 가까운 3기 신도시로 빠져나갈 수 있고, 게다가 기존 신도시 재건축을 하지 못하게 된다면 아파트 노후화로 아파트단지가 슬럼화될 수도 있다고 본다.

실제로 1기 신도시는 재건축 요건, 즉 사업성을 충족하는 아파트단지가 그다지 많지 않다. 재건축은 용적률과 재건축 이후의 아파트가격을 동력으로 추진하는데 만일 재건축 요건을 충족하지 못해 재건축할 수 없다면 어떻게 될까? 3기 신도시건설이 완료되는 2027~2028년경이면 1기 신도시는 지은 지 35년이나 돼 곧 아파트 수명을 다하게 된다. 물론 40년이 돼도 심각한 부실이 아니라면 사람이 살지 못하는 것은 아니다. 그러나 임대가 어려워지면서 점차 공실이 늘어날 것이다.

거액투자의 레드오션 '재건축' 시장

— 재건축투자는 여전히 고수익을 창출한다 —

주택가격 대세 상승기가 지난 지금은 부동산투자로 높은 수익을 얻기 어렵다. 그러나 재건축투자는 여전히 높은 수익창출이 가능하다. 2003년 처음 시행한 저밀도지구 아파트재건축은 정부가 기본 용적률을 270%까지 허용해서 재건축조합원 또는 재건축에 투자한 사람들이 많은 돈을 벌었다. 잠실주공아파트 단지들은 13평 아파트가 30평대 아파트를 받으면서 분담금을 낸 것이 아니라 오히려 청산금을 돌려받았고, 재건축 완공 후 새 아파트가격이 천정부지로 치솟아 바로 부자대열에 들어갔다. 그러나 강남 저밀도지구 재건축이 마무리된 지금은 단지마다 차이는 있지만 거의 1대1 재건축에 가깝고, 서울시가 허용용적률을 230%로 낮췄기 때문에 과거 저밀도지구 때와 같은 높은 개발이익을 기대하기 어렵다.

  그런데도 여전히 재건축투자에 관심이 뜨거운 것은 재건축 이후 아파트가 완전히 새롭게 탈바꿈하고 그에 따라 아파트가격도 상승할 것이기 때문이다. 실제로도 그렇다. '신반포1차 아파트'를 재건축해 2016년에 완공·입주한 '아크로리버파크'는 2013년 말 평균 분양가격이 3.3㎡당 3830만 원이었다. 재건축 후에는 전용 84.97㎡가 22억 5천만 원, 112.96㎡는 29억 7천만 원, 129.92㎡는 33억 4천만 원에 거래되었다. 3.3㎡당 평균 매매가격 6534만 원으로 분양가 대비 170% 상승한 셈이다. 이처럼 아파트재건축은 여전히 고수익 창출이 가능하기 때문에 '황금알을 낳는 거위' 또는 '부동산투자의 꽃'이라고도 한다.

─ 재건축아파트에 투자가 몰리는 과정 ─

  결국, 재건축아파트에 투자가 몰리는 이유는 큰돈이 되기 때문이다. 조합원 지위를 가졌거나 조합원 지위를 양도받아 재건축에 투자한 사람들은 원하는 평형과 층고를 선택할 수 있는 권리가 부여된다. 당연히 이전보다 더 넓은 평형을 배정받을 수도 있고, 자신의 권리가액보다 분양가격이 높을 경우 추가분담금을 내면 된다. 서울시가 재건축 용적률을 230%로 낮춰 적용하고 있지만, 공공용지 기부체납 등 인센티브 규정을 충족할 경우 250~280%의 높은 용적률도 가능해 높은 개발이익도 기대할 수 있다. 원하는 평형과 층고를 선택할 수 있는 데다가 개발이익이라는 덤까지 있으니 그야말로 '꿩 먹고 알 먹고'다. 게다가 재건축 완공·입주 후 아파트가격이 큰 폭으로 상승해 양도차익도 엄청나다. 다른 투자보다 높은 수익을 기대할 수 있으니 아파트재건축에 투자가 몰리고, 투기까지 가세해 재건축아파트 가격은 천정부지로 치솟는다.

─ 정부규제만으론 재건축 가격상승을 잡지 못한다 ─

이런 시장 상황을 엄중하게 보는 정부가 지난해부터 고강도 부동산대책을 발표하고 잇따라 시장에 경고를 보내고 있어서 실수요자들의 부담이 커졌다. 정부가 규제하려는 핵심대상은 '재건축사업'과 '다주택자'다. 투기과열지구·투기지역·청약조정지역 지정 등 세 트랙을 통해 청약, 거래, 대출, 세금 등 동원할 수 있는 모든 수단을 동원하고 있다. 정부가 규제하려는 주 타깃은 부동산가격의 진앙인 강남 재건축이다. 그래서 분양가상한제에 이어 사상 처음 '재건축 초과이익 환수제' 시행에 들어갔다. 그러나 정부규제만으로 재건축아파트 가격상승세를 완전히 잠재울지는 여전히 의문이다.

앞서 보았듯이 우리 부동산시장은 '낡아가는 도심과 새 아파트 공급 부족'이라는 구조적인 문제를 안고 있는데, 이에 대한 근본적인 대책은 전무하기 때문이다. 새 아파트에 대한 소비자들의 열망에도 불구하고 강남을 비롯한 대도시 도심은 택지개발이 불가능하고, 오로지 재건축·재개발을 통한 공급만 가능하기 때문에 정부가 이에 대한 근본적인 대책 없이 아무리 규제를 강화해도 재건축아파트 가격상승세는 잡기 어려울 것이다. 소비자들이 낡고 불편한 구형 아파트보다 편리하고 쾌적한 새 아파트를 좋아하는 것은 너무나 당연하고, 이런 주거공간을 구할 수 있는 유일한 통로가 재건축이기 때문에 투자가 몰린다. 따라서 무조건 규제만 강화하는 것으로는 문제가 해결되는 게 아니라 오히려 더 꼬인다.

강남의 재건축아파트 가격은 엄청 비싸다. 물론 지역마다 차이는 있지만 대충 잡아도 20~30억 원을 투자해야 한다. 그런데도 소비자들이 그 큰돈을 재건축에 투자할 때는 그만한 가치가 있다고 판단하기 때문이다. 그리고 항상 소비자들의 판단은 옳았다. 참여정부 당시 정부는 강남 아파트가격은 버블이며, 투기적 수요가 아파트가격 상승의 주원인이라고 규정했다. 아이러니하게도 당시 강남 아파트를 구입한 사람들은 모두 큰돈을 벌었지만, 정부 말을 믿고 아파트를 팔거나 구입하지 않은 사람들은 지금 후회막급이다. 2000년 1월의 전국 아파트가격을 100이라고 했을 때, 2008년 8월 다른 지역은 234를, 서울은 292를 기록했으니 약 3배 정도 상승한 셈이다. 문재인 정부도 참여정부 때처럼 주택가격 상승의 주원인을 투기 수요로 보고 메가톤급 규제를 퍼붓고 있지만, '낡아가는 도심과 새 아파트 공급 부족'이라는 구조적인 문제에 대한 근본적인 대책이 없는 한 주택가격 안정은 어려울 것이다. 따라서 앞으로 5~10년 동안 부동산시장은 재건축아파트가 가격상승을 주도할 것으로 예상된다.

— 단, 재건축·재개발사업은 기다림의 미학이 필요하다 —

재건축 · 재개발은 기다림의 미학이 필요하다. 조합원 간 상충되는 이해관계 조정과 관할 행정청과의 인허가 조율 등으로 사업시행까지는 한참 멀다. 추진위원회 단계부터 관리처분인가 단계까지 적게는 5~6년, 많게는 10년 이상 잡아야 한다. 2000년대 초반 세간의 이목을 집중시켰던 강남 대치동 은마아파트와 용산구 한남뉴타운 재개발은 무려 14년 동안 공회전을 거듭한 끝에 지난해부터 사업추진에 탄력을 받고 있다. 50층 재건축을 고집하던 대치동 은마아파트는 서울시 2030플랜에 따라 35층 재건축을 수용했고, 한남뉴타운도 3구역 정비계획 변경안이 2017년 서울시 재정비위원회를 통과하면서 사업추진에 속도를 내고 있다. 이처럼 재건축 · 재개발은 사업시행까지 긴 기간이 필요하기 때문에 기다림은 필수다.

재건축 · 재개발은 고액투자 상품이어서 여윳돈이 부족한 투자자들에게는 그림의 떡이다. 특히 강남 재건축아파트는 큰돈이 필요해 '부자들의 놀음판'이라고 불릴 정도다. 그러나 실망하지 말자. 수도권과 지방 대도시에는 소액투자도 가능한 단지가 수두룩하다. 그리고 앞으로 몇 해 후부터는 지금의 강남 중심 재건축이 수도권과 지방 대도시 중심으로 바뀔 것이다. 2~3년 후에는 90년대 초에 완공되었던 수도권 1기 신도시가 재건축 연한 30년을 채우기 때문에 재건축 추진이 본격화되고, 점차 수도권과 지방 대도시로 확대될 것이기 때문이다. 단, 정부가 부동산과열을 진정시키기 위해 재건축에 제동을 걸고 있다는 점을 감안해야 한다.

─ 재건축 연한이 도래돼도 재건축 추진은 쉽지 않다 ─

정부가 재건축 연한 연장안은 취소했지만 안전진단 강화조치를 전격적으로 시행하는 등 실제로 재건축 추진에 제동을 걸고 있기 때문에 재건축 연한이 돼도 바로 재건축을 추진하기는 어려울 것이다. 또 재건축은 용적률과 재건축 후 아파트가격 등을 동력으로 추진하는데 강남 등 핵심지역을 벗어나면 이런 요건을 충족하는 재건축단지가 많지 않다. 1기 신도시도 재건축 사업성이 보장되는 아파트단지가 그리 많지 않다. 따라서 투자에 앞서 단지별 사업성을 구체적으로 검토해야 한다.

이처럼 재건축·재개발은 정부정책의 영향을 가장 크게 받기 때문에 정부정책의 저촉 여부에 따라 재건축단지별로 수익성과 사업기간 등에서 큰 차이를 보인다. 따라서 재건축투자는 면밀한 분석이 필요하니 투자자 단독으로 결정하기보다는 재건축단지 주변의 공인중개사 등 전문가의 도움을 받아야 실패를 줄일 수 있다. 부동산투자는 유행하는 투자기법을 이용해 잠깐 수익을 올리고 마는 것이 아니라 평생 동안 이루어져야 한다. 시장은 넓고 무한하다. 조급하게 맘먹고 현재 진행 중인 재건축에 집착하기보다는 미래에 개발이익을 덤으로 안겨줄 재건축단지가 어딘지를 살피는 유연성이 필요하다.

05

소액투자의 블루오션 '원룸주택' 시장

— 원룸주택은 소액투자의 대표적인 상품이다 —

재건축 · 재개발이 거액투자의 대표적인 상품이라면 원룸주택은 소액투자의 대표적인 상품이다. 최근 부동산시장 변화 중 하나는 시장 참여자들이 다양해지고 젊어졌다는 것이다. 가정주부가 부동산투자에 나선 것은 이미 오래고, 최근엔 직장인을 비롯한 청년층도 합류했다. 과거 40대 이상 중장년층이 주류였던 부동산투자 시장에 2030세대 청춘들까지 뛰어든 것이다. 2030세대는 부모 세대와 달리 일을 해서 돈을 모으고, 저축과 이자를 통해 자산을 축적할 수 있는 시대는 완전히 지났다고 생각한다. 불안한 미래를 위해 젊었을 때 돈을 모으고 싶지만 예금금리가 워낙 낮아 돈 굴리기가 쉽지 않고, 손쉽게 시작할 수 있는 주식투자는 위험이 크다 보니 자연스레 부동산재테크에 관심을 갖는다. 그래서 경매학원에 등록해 경매방법을 배우고, 부동산투자 책을 독학한 후 부동산투자에 나선다.

─ 2030세대는 원룸주택을 선호한다 ─

여윳돈이 없는 2030세대는 허리띠를 졸라매고 저축해서 모은 돈 2000~3000만 원으로 부동산투자에 나선다. 이보다 적은 금액으로 나서는 경우도 있다. 이런 소액투자자에게 가장 적합한 상품이 바로 원룸주택이다. 사회진출을 준비 중이거나 진출이 늦은 2030세대 독신가구는 여윳돈이 부족해 보증금을 조금 내고 월세를 지불하는 조건으로 원룸을 임차한다. 월세를 살 수밖에 없는 청년계층이 같은 청년계층의 투자대상으로 적합하다니 아이러니가 아닐 수 없다. 여기에 은퇴세대까지 원룸투자에 가세하는 상황이라 원룸시장의 수요·공급은 앞으로도 계속해서 확장될 것으로 전망된다.

과거 고금리 시대에는 노령은퇴세대가 은행예금 또는 채권에 투자해 발생하는 이자로 생활비를 충당해왔다. 그러나 지금 같은 저금리 시대는 예금과 채권수익률이 너무 낮아 수익형 부동산투자로 돌아선 상황이다. 통계청에 따르면 50~59세의 남성이 노후 대비 수단으로 가장 많이 활용하고 있는 것은 국민연금(47.2%)이다. 그러나 OECD(2009년)에 의하면 우리나라 남성의 연금소득대체율, 즉 은퇴 전 소득에 대한 연금소득 비율은 42.1%에 불과해 노후생활비를 충당하기엔 턱없이 부족하다. 따라서 노령은퇴세대가 생활비 확보를 위해 기존 주택을 줄여 수익형 부동산을 구입하는 것이다.

― 고령은퇴세대 역시 원룸주택에 투자한다 ―

독신가구의 급격한 증가로 수요가 생기고, 일반투자자와 은퇴세대의 투자로 공급이 맞아떨어지면서 원룸시장의 안정적인 수익창출이 가능해졌다. 게다가 원룸투자는 지역과 물건에 따라 가격대가 다양해 소액투자 대상으로 안성맞춤이다. 도심역세권, 대학교 인근, 공단 및 벤처단지 주변 등 다양한 지역과 오피스텔, 다세대, 도생 등 물건도 다양해 가격대까지 다양하다. 평균수익률은 은행이자보다 몇 배나 높고, 저금리대출을 레버리지로 활용할 경우 적은 돈으로 투자할 수 있다는 장점도 있다. 수익률도 꽤 높다. 경매를 통해 시세보다 싸게 구입한다면 무피투자도 가능하다. 그래서 원룸주택시장을 소액투자의 블루오션이라고 하는 것이다. 다만 정부의 잇따른 대출규제 강화로 1주택이라도 소유하고 있는 투자자는 조정지역이 아닌 지역에 투자해야 대출규제를 받지 않는다.

우리나라 독신가구 비율이 빠르게 증가하고 있지만, 통계를 보면 선진국 수준까지는 아직 멀었다. 앞으로 상당 기간 독신가구는 증가할 것이다. 이런 수요에 맞춰 688만 명에 이르는 베이붐세대

(1955~1963년 생)의 은퇴가 본격화되면 노령은퇴세대의 원룸투자가 증가하고, 저성장·저소득으로 미래가 불안한 가계 역시 월세를 위해 원룸에 투자할 것으로 예상된다. 이렇게 원룸주택의 수요·공급이 계속 확장되면서 원룸주택시장의 호황은 상당 기간 지속될 것이다.

06

인구절벽 시대, 버블붕괴 걱정이 필요 없는 이유

— 한국은 예상보다 빨리 인구절벽 시대에 진입했다 —

예상보다 빨리 고령사회에 진입한 우리나라도 인구절벽 시대에
본격 진입했다. 현재 우리나라 인구는 5101만 명으로 아직 증가하
고 있지만, 2031년에 5296만 명으로 정점을 이룬 후 점차 감소할
것으로 예상되고 있다. 그러나 최근 통계청 발표에 의하면 인구감
소 시기가 앞당겨지는 것으로 나타났다. 현재 우리나라 유아출생
률은 20년 전의 딱 절반 수준이다. 출생률 감소와 노령인구 증가
는 제조업 가동률을 떨어뜨리고 내수경기 침체를 불러와 일자리
를 감소시키고, 결국 가계의 소득을 감소시킨다. 그래서 일부 전문
가들은 '일본의 잃어버린 20년'의 근본 원인이 인구절벽이었다며
반면교사로 삼아야 한다고 우려한다.

― 일본 같은 버블붕괴가 발생하지 않을 거라고 보는 3가지 이유 ―

그러나 확신컨대 한국은 과거의 일본 같은 버블붕괴는 발생하지 않을 것이다. 그렇게 판단하는 데는 다음과 같은 3가지 이유가 있다.

첫째, 앞에서 본 것처럼 우리나라 부동산가격은 경제성장과 가계의 가처분소득 증가가 동반성장하면서 만들어졌기 때문에 버블이 아니다. 버블이 아니니 버블붕괴 역시 있을 수 없다. 60~80년대 미국을 비롯한 서방국가들이 인플레이션으로 고통받은 것처럼 우리도 70~80년대 오일쇼크(석유 위기)로 인한 인플레이션이 지속되면서 당시엔 부동산 버블이 있었다. 그러나 외환위기와 미국발 금융위기인 리먼 쇼크로 부동산가격이 폭락했고, 그 이후 경제성장과 가계의 가처분소득 증가로 버블이 상쇄되었기 때문에 지금은 버블이 아니라고 판단한다.

둘째, 한국의 주거형태와 주거지, 인구구조 등이 일본과 다른 것도 버블붕괴 가능성을 낮추는 요인이다. 한국인이 가장 선호하는 주거형태는 아파트인데 일본인이 가장 선호하는 주거형태는 단독·다가구다. 한국은 아파트가 전체 주택의 60%(2015년 기준)를, 일본은 단독·다가구가 전체 주택의 69%(1988년 기준)를 차지한다. 한국은 주요 교통로를 따라 아파트가 단지를 형성하고 있기 때문에 매매·임대·관리가 용이하다. 그래서 인구가 감소해도 수요 유지가 비교적 쉽지만, 일본은 단독·다가구가 광범위한 지역에 산재해 매매·임대·관리가 어려워 인구가 감소하면 수요 유지가 어렵다. 다만 한국 역시 도시 외곽이나 시골에는 빈집이 점차 늘어나고 있는 것만은 사실이다.

셋째, 한국의 심각한 인구 비대칭 현상과 독신가구 수 증가도 버블붕괴 가능성을 낮추는 요인이다. 한국은 서울에 1000만 명, 경기도에 1300만 명, 인천에 300만 명 등 수도권에 전체인구의 절반 이상이 거주하는 인구 비대칭 현상이 심각하다. '인구 비대칭 현상'은 일자리와 생계유지 등이 주원인인데 서울에 일자리가 많기 때문에 청년층이 서울과 수도권으로 몰려들고, 노령은퇴세대는 생계유지를 위해 서울과 수도권을 떠나지 못한다.

아직 보편적 복지 차원에서의 노후복지가 완전하지 못하기 때문에 은퇴세대는 부족한 노후생활비 마련을 위해 기존 주택을 줄여 월세를 받을 수 있는 소형주택을 구입한다. 소형주택을 구입하는 지역은 거의 서울과 수도권이다. 독신가구 수가 날로 증가하기 때문에 인구감소에도 불구하고 서울과 수도권은 여전히 만원이다. 따라서 버블붕괴 가능성은 낮다. 다만 한국감정원의 '전국 주택가격 동향 조사'에 의하면 서울과 수도권을 비롯한 대도시의 부동산가격은 상승세를 이어가는 반면 지방의 부동산가격은 하락했다. 이처럼 부동산시장의 양극화는 점차 확대될 것으로 전망된다.

─ 일본 버블붕괴의 진짜 원인 '플라자합의' ─

한국은 과거 일본 같은 버블붕괴가 발생하지 않는다고 확신하는 결정적인 이유는, 일본 버블붕괴의 원인이 일부 전문가의 주장처럼 인구절벽에 의한 것이 아니라 플라자합의라는 대외변수에 있었기 때문이다. 당시 미국은 달러 강세 때문에 가격경쟁에서 밀려 세계경제에서 미국의 지위를 더이상 지탱할 수 없을 정도로 경상수지 적자가 심화된 상태였다. 이에 1985년 뉴욕 센트럴파크 부근의 플라자 호텔에서 G5(미국, 영국, 프랑스, 서독, 일본) 재무장관 및 중앙은행장들이 모여 회담을 가졌고, 여기에서 달러 가치를 낮추기 위해 유럽 및 일본 중앙은행이 국제통화시장에 달러를 팔기로 합의한 것이 '플라자합의'다.

미국은 1950년대 한국전쟁과 1960년대 베트남전쟁을 치르면서 막대한 재정적자가 발생했다. 특히 베트남전쟁에 엄청난 군비를 쏟아부으면서 심해졌다. 거기에 1970년대 초 발생한 오일쇼크로 스태그플레이션이 발생하고, 무역적자와 정부재정적자(쌍둥이 적자)가 심화되면서 세계 최대의 채무국으로 전락하자 달러 약세를 유도하기 위해 G5에 공동보조를 요구한 것이다. 이런 G5 합의가 알려지자 달러 약세를 두려워한 기관투자가들이 선물거래로 달러를 대규모로 매도했고, 그 결과 달러는 급락했다.

─ **당시 일본의 부동산버블은 심각한 수준이었다** ─

미국은 달러 약세로 수출을 늘려 1990년대 후반까지 엄청난 속도로 경제를 회복한 반면, 일본은 '엔고 불황'에 빠졌다. 급격한 엔고로 일본은 수출이 급감하고 한국, 대만, 홍콩, 싱가포르 등으로 일본과 미국 기업의 공장이 이전되었다. 일본은행이 엔고 불황에 대처하기 위해 금리를 완화하자 금융시장에 남아돌던 돈이 부동산시장과 주식시장으로 흘러들어가 버블이 발생했다. 1985년부터 1991년까지 토지는 4배, 1985년부터 1989년까지 주식은 3배로 뛰었다. 당시 일본의 지가총액이 미국 지가의 3배나 되었으니 일본의 토지버블이 얼마나 심각했는지를 짐작할 수 있을 것이다.

1990년 일본 대장성이 토지버블을 억제하는 조치를 내리자 버블이 급격하게 붕괴되고, 금융기관이 자금회수 불능상태에 빠지면서 일본 장기 신용은행이 파산했다. 주가가 폭락하면서 야마이치증권 등도 파산했다. 미야자키 마사카츠의《세계사 경제공부》에 의하면 엔고로 수출이 감소되고, IT기술이 뒤처지면서 일본경제가 장기불황에 빠진 것이 이른바 '일본의 잃어버린 20년'이다. 일본의 버블 발생과 붕괴는 일본의 인구절벽이 아니라 플라자합의가 근본 원인이었기 때문에 한국은 과거 일본과 같은 버블붕괴는 발생하지 않을 거라 확신한다.

─ 세계화 시대에 환율은 세계경제에 엄청난 영향을 미친다 ─

플라자합의에 대해서도 후일 경제학자들의 견해가 엇갈린다. 일본은 동서냉전을 활용하여 1956년부터 1972년까지 17년 동안 연 10%의 경제성장률을 기록했다. 일본의 경제학자는 미국이 전후 눈부신 경제성장을 이룬 일본과 서독을 타깃으로 삼았다고 꼬집는 반면, 미국의 경제학자는 '달러로 표시되는 석유 같은 제품의 가치가 계속 상승해서 자칫 자국에 인플레이션이 유발될 가능성을 방지하는 동시에, 미래에 달러가 붕괴되는 사태가 닥치는 것을 막기 위해서였다'라고 주장한다. 이처럼 경제학자들의 견해가 갈리는 것은 세계화 시대에서는 환율의 영향. 즉 세계 각국의 통화가치가 자국 경제에 엄청난 영향을 미치기 때문이다.

세계화 시대, 대외변수 걱정이 필요한 이유

— 정부정책 못지않게 대외변수도 중요하다 —

정부의 부동산대책 못지않게 대외변수도 중요하다고 생각한다. 정부가 내놓을 대책에는 한계가 있지만 대외변수는 그렇지 않기 때문이다. 지난 40년을 되돌아보면 경기변동이나 정책변화 같은 국내 문제에 의한 부동산시장의 변동폭은 충분히 감당할 수 있는 수준이었다. 그러나 IMF 외환위기나 미국발 금융위기인 리먼 쇼크 같은 대외변수에 의한 변동폭은 도저히 감당할 수 없었다. 주택 사업자로서 두 번의 금융위기를 처절하게 겪은 필자는 그때의 참 혹함을 생생하게 기억한다. 수많은 기업과 가계가 파산하고 직장을 잃고 노숙자로 전락한 사람들이 거리에 넘쳤다. 4개 현장에 아파트 1400여 세대를 건설하던 필자의 회사도 연대보증을 서준 회사가 부도 나는 바람에 수백억 원대 보증채무를 떠안으며 말로 다할 수 없는 힘든 시기를 겪었다. 부동산은 워낙 고가여서 한 번만 투자에 실패해도 회복할 수 없는 손해를 입는다. 그래서 정부정책 못지않게 대외변수가 우려되고, 가장 우려되는 것은 미국의 통화정책이다.

─ 가장 우려되는 것은 미국의 통화정책이다 ─

사실 한국은 미국의 도움으로 경제성장의 기틀을 마련하고 미국시장에 의존해서 30년이라는 짧은 기간에 비약적인 경제성장을 이룰 수 있었다. 한국전쟁으로 국토는 폐허로 변하고 국민들은 기아상태였다. 그때 미국의 무상원조로 굶주린 국민들의 배를 채워줄 수 있었고, 가내 수공업으로 가발 등을 만들어 미국에 수출해 경제기반을 다졌다. 공업화를 이룬 후에도 미국시장에 의존해서 경제가 성장할 수 있었다. 하지만 세계 10위권으로 성장한 한국은 이제 경제에 관한 한 미국의 경쟁국일 뿐이다.

미국은 1950년대 한국전쟁과 1960년대 베트남전쟁을 치르면서 막대한 재정 적자가 발생했다. 베트남전쟁이 지지부진하게 1975년까지 지속되자 군사비 지출이 엄청나게 늘면서 인플레이션까지 발생했다. 1970년대 초 발생한 오일쇼크로 스태그플레이션 -스태그플레이션은 경기불황과 인플레이션이 동시에 일어나는 상태를 말한다- 이 발생하자 미국기업들은 생산시설을 해외로 대거 이전하면서 미국 경제는 더 어려워졌다. 세수입 감소로 연방 정부 예산이 적자로 돌아서고, 실업률이 증가하면서 경기와 주식 시장이 침체되었다. 미국은 1970년대 10년 중 7년 동안 무역적 자를 기록했고, 1980년대를 거치면서 무역적자는 눈덩이처럼 불어났다. 미국 국무부가 발간한 《미국의 경제: 미국의 개관》을 보면 1981년에 도산한 미국기업은 50%에 달했다. 1967년부터 1987 년 사이 미국 국내 생산시설 중 5분의 1이 해외로 이전했는데, 주로 한국, 싱가포르, 홍콩, 대만 등 개발도상국으로 이전돼 이들 나라의 공업화가 진행되었다. 나중에는 중국, 태국, 말레이시아, 인도네시아, 베트남 등으로 이전되었다.

─ 자국 경제를 살리기 위해 통화패권을 포기한 미국 ─

장기간 지속되는 인플레이션 문제를 해결하기 위해 레이건 행정부가 강력한 통화긴축 정책 시행에 들어가자 이자율이 14%를 웃돌면서 경기가 둔화되고 인플레이션도 하락했다. 그러자 미국 국채 등 미국 채권에 투자하려는 막대한 자금이 해외에서 미국으로 유입되면서, 외국 투자자들의 달러 수요가 늘고 달러가치가 상승하게 되었다. 달러가치가 상승하자 미국의 수출이 부진에 빠졌고 경상수지 적자는 눈덩이처럼 불어났다. 반면 아시아 경제는 빠르게 성장해 미국에 도전장을 내미는 상황이 되었다. 미국은 생산성 때문이 아니라 달러가치 때문에 가격경쟁에서 밀려 세계경제에서 미국의 지위를 더이상 지탱할 수 없는 정도로 경상수지 적자가 심화되었다. 이에 1985년 G5(미국, 영국, 프랑스, 서독, 일본) 재무장관 및 중앙은행장들이 뉴욕 플라자 호텔에 모여 회담을 열었고, 여기에서 미국이 협력을 요청한 '달러화 가치하락'을 합의했는데 이것이 저 유명한 플라자합의다.

이 무렵부터 세계경제의 패러다임이 변동상장제로 전환되면서 미국은 세계경제의 질서를 안정시키는 패권국가로서의 역할을 버리고 자국 경제를 우선시하는 미국우선주의로 돌아섰으며, 미국의 경제정책도 재정정책에서 통화정책으로 전환되었다. 미국 국무부가 발간한 《미국의 경제: 미국의 개관》을 보면 예산이 중대한 문제로 대두되던 시절에는 재정정책이 경제 전반을 통제하는 역할을 했지만, 20세기 후반에 들어서는 통화정책이 그 역할을 맡게 되었다고 밝히고 있다.

미국의 금리가 상승과 하락을 거듭하면서 달러 강세와 약세 현상이 나타나고 이에 따라 세계경제도 마구 흔들렸다. 미국 경제의 절대적인 힘은 잃었지만 달러는 여전히 세계경제를 이끄는 통화이기 때문에 세계 각국의 통화가치는 달러의 강·약세에 따라 줄기차게 변한다. 이런 변동장세를 이용해 미국엔 금융거래로 돈을 버는 '헤지펀드'가 등장했다. 90년대 후반 미국의 고금리 정책(달러 강세)의 영향으로 동아시아 외환위기가 발생했다. 한국에 외환위기가 찾아왔을 때 미국의 론스타펀드는 외환은행과 극동건설 등에 투자해서 5조 원 이상을 벌었고, 소버린 자산운용은 SK주식을 헐값에 사들여 경영권을 위협하는 방법으로 1700억 원을 투자해 8000억 원을 벌었다.

─ 미국이 통화패권을 포기하자 바로 외환투기가 발생했다 ─

고정환율제가 변동환율제로 대치되면서 한때 안정적으로 운용되던 외환시장은 새로운 태풍의 진원지가 되었는데, 바로 외환투기 때문이다. 브레튼우즈 협정에 의해 달러가 기축통화가 되고, 고정환율제가 시행되던 시기에는 외환투기가 전혀 없었다. 그런데 미국이 통화패권을 포기하자 바로 외환투기가 벌어졌다. 통화가치 급등락 현상이 나타났기 때문이다. 통신기술의 발달로 세계시장이 출현하고 거대 외환시장이 조성되면서 외환투기는 더욱 성행했다. 미국 경제가 절대적인 힘을 잃었어도 달러는 여전히 기축통화인지라 미국의 금리 상승과 하락에 동반되는 달러 강·약세에 따라 세계 각국의 통화가치가 마구 흔들리자 세계 여러 나라의 금융기관과 헤지펀드들이 이를 이용해 외환투기를 벌인 것이다.

지금까지 살펴본 것처럼 세계적으로 변동환율제로 대치된 지금은 기축통화인 달러 환율에 의해 세계 각국의 통화가치가 변동되고, 그것이 자국 경제에 엄청난 영향을 미친다. 이것이 대외변수가 우려되는 이유다.

Part 2.
소액투자 편

여윳돈 없어도
반드시 된다!

1장

집 없이도 월세 받는
셰어하우스

왜 셰어하우스인가?

— 지금 세계는 공유경제 열풍이 거세다 —

'공유경제'란 하나의 제품을 여럿이 필요에 따라 공유하여 사용하는 일종의 협력 소비를 말한다. 개인이 계속 소유하고는 있으나 활용도가 높지 않은 물건이나 부동산 등을 타인과 공유하여 사용함으로써 자원 활용도를 크게 높일 수 있는 경제활동이다. IT기술 발전으로 점차 활성화된 공유경제는 4차 산업혁명 시대에 거스르기 힘든 추세이기도 하다. 이런 흐름은 부동산시장에서도 나타난다. 대표적인 공유주택인 셰어하우스와 에어비앤비(게스트하우스)의 확산세가 가파르다. 셰어하우스와 에어비앤비는 특별한 노하우 없이도 운영이 가능하고, 소자본창업도 가능하기 때문에 소액투자 아이템으로 소개한다.

— 셰어하우스, 너의 정체가 궁금하다 —

박시후, 신혜선 주연의 인기 TV 드라마 〈황금빛 내 인생〉에서 박시후가 가출해 여러 사람들과 공동생활을 하던 공간이 바로 셰어하우스다. 다수가 한집에서 살면서 지극히 개인적인 공간인 침실은 각자 따로 사용하지만 거실·화장실·욕실 등은 공유하는 생활방식이다. 1980년대부터 일본·캐나다 등의 대도시 도심에 등장한 셰어하우스는 1인가구가 급격히 증가하는 우리나라에도 등장해 급성장세를 이어가고 있다. 셰어하우스 인기가 높은 가장 큰 이유는 편리성과 저렴한 비용에 있다. 원룸처럼 월세를 내지만 보증금이 원룸보다 훨씬 적고 더 넓은 공간에서 살 수 있다는 장점이 있다. 게다가 셰어하우스는 운영자와 이용자 간의 직접계약으로 진행되기 때문에 부동산수수료가 없고, 거주 기간을 자유롭게 설정할 수 있다.

전세나 월세는 대부분 1~2년 단위의 계약이 필요한데, 셰어하우스는 기본 계약 단위가 6개월이어서 거주자 부담이 덜하다. 또 빌라나 원룸에 비해 안전하다는 장점도 있다. 여성 혼자 거주하는 경우 안전문제에 민감한데 셰어하우스는 다수가 거주할 뿐만 아니라 아파트 또는 단독주택을 개조해 운영하기 때문에 출입문이나 게이트 등 보안시설이 잘 되어 있다. 그래서 현재 셰어하우스 이용자의 절대다수는 여성이다. 기본적인 물품, 가구가 다 구비되어 있어 입주자는 짐가방 하나만 들고 들어오면 되기 때문에 이사

비용이 발생하지 않는다.

셰어하우스는 수요자뿐만 아니라 공급자 즉 운영자의 장점도 많다. 공급자의 장점은 무엇보다도 소자본창업이 가능하다는 것이다. 집이 없어도 주택을 임대해 서브리스(sublease, 전대) 방식으로 운영할 수 있어 소자본창업이 가능하고, 월세인 수익률도 상대적으로 높다. 일본의 셰어하우스도 거의 서브리스 방식으로 운영된다. 전체의 90%가 기존 주택을 리모델링해서 활용하기 때문에 빠르게 성장했다. 이렇게 셰어하우스는 수요자, 공급자 모두에게 장점이 많기 때문에 갈수록 확장세를 이어갈 것으로 전망된다.

─ 혼돈 속의 부동산, 셰어하우스가 답이다 ─

12.16대책 이후 아파트가격 상승세가 멈췄다. 가격하락보다 더 큰 문제는 거래절벽이다. 거래실종으로 문을 닫는 부동산이 속출할 정도로 혼돈에 빠졌다. 이렇게 부동산 전망이 한 치 앞도 보이지 않는 상황에선 투자는 엄두도 내기 어렵다. 부동산투자는 안정성과 지속가능성, 수익성과 확장성이 담보돼야 한다. 자산(매매)시장에선 이런 조건을 충족하는 상품을 찾아볼 수 없지만 운영(임대)시장은 조금 다르다. 매매시장과 달리 임대시장은 비교적 양호하다. 월세시장은 오히려 호황이다. 최근 셰어하우스와 에어비앤비 창업이 급증하면서 활기를 불어넣기 때문이다. 요즘 같은 부동산 불황에 어떻게 셰어하우스 창업이 늘어날까? 위에서 말한 부동산

투자 요건을 모두 충족하기 때문이다. 앞서 본 것처럼 셰어하우스는 주거공간을 효율적으로 쓸 수 있는 신개념 주거양식인데, 1인 가구의 폭발적인 증가로 수요가 급증하는 것이 가장 큰 이유다. 사용자는 비용이 저렴하고, 운영자는 수익률이 높으며 소자본창업도 가능하다.

─ 투자상품으로서의 셰어하우스를 따져보자 ─

이쯤에서 과연 셰어하우스가 부동산투자 요건을 모두 충족하는지 제대로 살펴보자.

첫째, 안전한 사업인가?

안전한 사업이 되려면 무엇보다 수요와 공급이 충족돼야 한다. 우리나라는 인구감소 추세에도 불구하고 오히려 가구 수는 증가했다. 2030세대를 주축으로 1인가구가 폭발적으로 증가했기 때문인데, 이들이 셰어하우스를 선호해 수요가 넘친다. 특히 20대와 여성이 많다. 20대가 셰어하우스를 찾는 이유는 무엇보다 보증금이 저렴하고 계약기간이 6개월 정도로 짧기 때문이다. 대학생, 취업준비생, 직장 초년생 등은 보증금 마련이 쉽지 않고, 주거지 변동이 잦으니 안성맞춤이다.

게다가 빌라나 원룸에 비해 안전하다는 장점도 있다. 여성 혼자 거주하는 경우 안전문제에 민감한데 셰어하우스는 아파트 또는 단독주택을 개조해 운영하기 때문에 출입문이나 게이트 등의 보안시설이 잘 되어 있어서 여성들의 선호도가 높다. 여기에 짐가방 하나만 들고 들어오면 되는 편리성과 원룸보다 다소 적은 월세도 한몫한다. 이런 이유로 수요ㆍ공급이 계속 증가한다. 셰어하우스 플랫폼인 컴앤스테이에 따르면 2013년 19곳에 불과했던 국내 셰어하우스는 매년 100% 이상씩 증가해 2017년에는 489곳으로 대폭 증가했다. 따라서 셰어하우스는 앞으로 상당 기간 확장세를 이어갈 것으로 예상되기 때문에 안전한 사업으로 판단된다.

둘째, 확장성과 지속가능성이 양호한가?

최근 경제 각 분야에서 확장성과 지속가능성은 반드시 확인해야 하는 항목이다. 기술의 급속한 발전과 사회적인 변화로 인하여 시장이 확장되기도 하고 급속히 위축되기도 한다. 상품의 수명도 갈수록 단축된다. 시장의 변동성이 크기 때문에 경제 각 분야에서 확장성과 지속가능성은 매우 중요하다. 그럼 셰어하우스는 어떨까? 앞서 본 것처럼 셰어하우스는 주고객층이 2030세대로 젊고, 2030세대가 주축인 1인가구는 계속 증가하기 때문에 셰어하우스 창업도 증가하면서 확장세를 이어갈 것으로 예상된다.

통계청 인구조사에 의하면 2017년 10월 기준, 우리나라 전체 가구 1959만 가구 중 1인가구 비율이 28.7%인 것으로 나타났다. 비율이 생각보다 높은 건 사실이지만 선진국 수준에 미치려면 아직 멀었기 때문에 앞으로도 1인가구는 증가할 것으로 전망된다. 현재는 거의 기존 주택을 리모델링해서 운영하지만, 앞으로는 일본처럼 건설회사가 셰어하우스를 목적으로 건설할 것이고, 기업형 셰어하우스도 증가할 것이다. 따라서 셰어하우스는 확장성과 지속가능성도 양호하다고 판단된다.

셋째, 수익성이 양호한가?

결론부터 말하면 셰어하우스는 다른 임대사업에 비해 수익성이 좋다. 자가주택도 통째로 월세를 주는 것보다 셰어하우스로 운영하면 월세 수입이 배로 늘어난다. 특히 타인의 주택을 임대해 서브리스(전대) 방식으로 운영하는 경우라면 초기투자가 그다지 크지 않기 때문에 투자 대비 수익률이 더 높다고 볼 수 있다. 예를 들어 전용 $85m^2$(33평형) 방 3개짜리 빌라를 보증금 2000만 원/월세 115만 원에 임대해서 1000만 원으로 인테리어를 하고 방 하나는 1인실로 보증금 100만 원/월세 55만 원, 방 둘은 2인실로 보증금 90만 원/월세 45만 원으로 세를 주면, 월 235만 원의 월세가 들어온다. 그중 115만 원을 집주인 월세로 지불해도 월 120만 원이라는 수익이 발생한다. 표로 정리하면 다음 페이지와 같다.

보증금 2000만 원은 계약종료 후 돌려받기 때문에 실제 비용은 1000만 원이고, 월 순수입이 120만 원이다. 이처럼 초기투자비가 많지 않아 대부분의 셰어하우스 운영자들은 1호점을 개설한 다음

[셰어하우스 비용 및 수입내역]

비용	수입
보증금 2000만 원	보증금 100만 원, 월세 55만 원 (1인실 1개)
인테리어 1000만 원 (가구 및 가전제품 구입 포함)	보증금 90만 원, 월세 45만 원×4 (2인실 2개)
월세 115만 원	월세 총합 235만 원
비용 3000만 원	월세 235만 원-월세 115만 원 =순수입 120만 원
계약종료 후 보증금 반환 시 실제비용 1000만 원	

에 2호점, 3호점 식으로 늘려간다. 벌써 10호점을 창업한 사람도 있다. 따라서 셰어하우스 수익성은 양호하다.

이렇게 셰어하우스는 투자요건을 모두 갖추고 있어 부동산불황기 투자에 적합하다. 특히 소자본창업이 가능해 저소득층 투자에 안성맞춤이다. 셰어하우스 운영은 크게 2가지 방식이 있다. 자가주택을 셰어하우스로 운영하는 방식과 주택을 임대해 서브리스(전대) 방식으로 운영하는 방식이다. 이 책에선 소액투자 아이템으로 셰어하우스를 소개하기 때문에 주택을 임대해 서브리스(전대) 방식으로 운영하는 것을 기준으로 설명한다.

운영방식과 목표는 무엇인가?

― 철저한 사전준비가 성공의 비결이다 ―

'남이 장에 간다고 하니 거름 지고 나선다'는 속담이 있다. 주관 없이 남이 하는 대로 따라 한다는 뜻이다. 요즘 인터넷을 보면 셰어하우스에 관한 정보가 쏟아진다. 거의 분홍빛 정보 일색이다. 집 없이도 월세를 받을 수 있다면서 부업·재테크 아이템으로 셰어하우스를 소개한다. 마치 2010년 초중반 갭 투자가 성행할 때와 비슷한 상황이다. 그때도 인터넷이나 여러 책에서 갭 투자를 마치 '황금알을 낳는 거위'처럼 소개하면서 부업·재테크 아이템이라고 분홍빛 정보를 쏟아냈다. 너도나도 '갭 투자로 수십 수백 채 집주인이 되었다'는 말을 따라 했다. 그런데 최근에는 '갭 투자자 줄파산 세입자 날벼락'이라는 기사를 자주 접한다. 전세를 끼고 아파트를 수십 수백 가구씩 사들인 갭 투자자들이 줄줄이 파산하는 것이다. 2009년경부터 약 7년 동안 높은 전세가가 지속돼 투자에 좋은 환경이었던 것은 맞다. 그러나 남의 말에 의존하거나 과욕으로 이런 참사를 부른 것이다. 아무리 좋은 투자아이템이라도 위험이 따르기 마련이니 시작단계부터 철저한 사전준비가 필요하다.

─ 운영방식과 목표를 먼저 설정하라 ─

앞서 본 것처럼 셰어하우스는 투자요건을 모두 갖춘 좋은 아이템인 것은 분명하다. 하지만 무조건 남이 하는 방식을 따라 하는 것은 곤란하다. 먼저 자신의 운영방식과 목표를 세우고 그에 따라 투자해야 한다. 그러기 위해선 현재 시장을 명확히 파악하고 장차 셰어하우스가 어떤 흐름을 보일지도 예측해야 한다. 우리나라는 셰어하우스가 등장한 지 오래되지 않아서 지금은 공급자 우위 시장이다. 그래서 웬만큼만 해도 사업이 비교적 잘되지만, 시간이 지나면 경쟁체제에 진입하면서 사정이 달라질 것이다. 셰어하우스는 큰돈을 버는 사업이 아니라 월세를 받는 임대업이다. 경쟁으로 공실이 발생하면 수익금이 급감할 것이 뻔하다.

40년 역사를 가진 일본의 셰어하우스는 대체로 성업 중이다. 그러나 파산하는 업체도 적지 않다. 210개의 소셜하우스를 보유 · 운영 중인 세계 최대 셰어하우스 운영업체인 '오크하우스'는 20년째 성업 중이다. 그러나 일본의 대형 셰어하우스 개발 · 공급업체인 '골드게인'은 2018년에 파산했다. 셰어하우스를 지어 투자자에게 공급하고 다시 투자자(소유자)로부터 셰어하우스를 빌려서 서브리스(전대) 방식으로 임대 운영·관리를 맡았던 골든게인의 파산으로 투자자들도 줄줄이 피해를 입었다. 우리나라는 이제 출발단계라서 아직은 경쟁위험이 적지만, 점차 셰어하우스가 증가하면 공실률을 걱정해야 한다. 따라서 자신이 직접 시장조사를 하고 운영방식과 목표를 명확히 설정해야 한다.

― 현재 시장을 명확히 파악하라 ―

요즘 인터넷을 검색하면 셰어하우스에 관한 온갖 정보가 쏟아진다. 셰어하우스 운영방식과 운영수입은 기본이고 셰어하우스 분포, 마케팅전략, 인테리어 방법 등 많은 정보를 제공한다. 동영상도 있고 원하면 셰어하우스 창업 관련 강의도 들을 수 있다. 셰어하우스 창업을 준비하는 사람들에겐 소중한 정보다. 그러나 대부분이 분홍빛 일색인 이런 정보에 의존해서 운영방식과 목표를 정해선 안 된다. 자신이 몸으로 부딪쳐 시장을 조사하고 현장을 느낀후에 운영방식과 목표를 정해야 시행착오를 겪지 않는다. 우리나라 셰어하우스 고객은 대부분이 20대이고 여성이 절대적으로 많다. 현재는 20대 여성이 주고객인 셈이다.

우리보다 30년쯤 앞선 일본의 셰어하우스 고객은 직장인, 외국인, 학생 등으로 다양하다. 그러나 아직 셰어하우스가 등장한 지

얼마 되지 않은 우리나라는 대학생과 사회초년생이 주고객이다. 비싼 보증금과 월세를 내며 원룸이나 고시원에서 생활하는 대학생이나 취업준비생, 초보 직장인 등을 대상으로 셰어하우스를 창업하기 때문이다. 우리나라 셰어하우스 고객은 극히 일부 계층에 편중되어 있는데, 역으로 보면 앞으로 우리나라 셰어하우스가 뻗어 나갈 시장이 무궁무진하다는 것을 의미한다. 따라서 현재도 중요하지만 미래에 셰어하우스가 어떤 흐름을 보일지도 중요하다.

─ 몸으로 부딪쳐 시장을 보고 느껴라 ─

현재 셰어하우스 대부분은 대학교 주변이나 일자리 접근이 용이한 역세권을 중심으로 형성되어 있다. 서울에선 대학교가 몰려있는 마포구(홍대 인근, 합정)와 서대문구(신촌)에 가장 많고 관악구(신림동)와 동대문구(경희대, 외대), 성북구(고려대) 등에 있다. 의외로 강남에도 셰어하우스가 많다. 20대 여성 직장인이 많기 때문일 것이다. 지방은 아직 셰어하우스가 많지 않지만 대학교 근처를 중심으로 차츰 창업이 늘고 있다. 더 정확한 셰어하우스 위치, 숫자 등은 셰어하우스 플랫폼인 '컴앤스테이'를 통해 알 수 있다. 셰어하우스 시장을 파악한 후에 자신의 운영방식과 목표를 정하면 된다.

꼭 하나 당부하고 싶은 것은 인터넷 등을 통해서도 충분히 시장을 파악할 수는 있지만, 현장에 가서 시장조사를 하고 셰어하우스를 직접 접해보라는 것이다. 여러 곳을 방문하다 보면 왜 잘 되는

지 안 되는지를 느낄 수 있고, 그렇게 충분히 시장조사를 한 다음에 운영방식과 목표를 설정해야 시행착오를 줄일 수 있다. 예를 들어 자가를 이용해서 셰어하우스를 운영할지, 타인의 주택을 임대해 서브리스 방식으로 운영할지를 먼저 정해야 한다. 여윳돈이 있는 사람은 당연히 자가를 이용하겠지만, 여윳돈이 없는 사람은 주택을 임대해 서브리스 방식으로 운영할 수밖에 없다. 그리고 현재 셰어하우스가 몰려있는 지역을 선택할지, 새로운 시장을 개척할지도 정해야 한다. 또 1호점 창업을 시작으로 장차 몇 호점까지 창업할지 등의 목표도 정해야 한다.

03

입지는 어떤 지역을 선택할까?

— 셰어하우스 성공은 입지선정에 달렸다 —

부동산은 투자형태가 뭐든 두말할 것 없이 입지선정이 가장 중요하다. 먼저 방향부터 정해야 한다. 현재 셰어하우스가 몰려있는 지역을 선택할지, 미개척지를 선택할지를 정하자. 2가지 방법 모두 장단점이 있다. 전자의 경우는 안전한 운영이 예상되지만 경쟁이 우려되고, 후자의 경우는 경쟁 걱정은 없지만 입주자 모집이 문제다. 그럼 셰어하우스 초보자는 어떤 방향이 유리할까? 전자를 택하라고 권하고 싶다. 사업초기엔 무엇보다 안전한 운영이 중요하기 때문이다. 최소한 5호점까지는 셰어하우스가 몰려있는 지역을 선택해 안전하게 운영할 것을 권한다. 그다음에 미개척지에 셰어하우스를 창업하면 포트폴리오 차원에서도 좋다.

― 이미 셰어하우스가 형성된 지역이 적합하다 ―

우리나라 셰어하우스 주고객은 20대이며 여성이 절대적으로 많다. 그래서 대학교 인근이나 역세권에 셰어하우스가 형성되어 있다. 따라서 대학생이 타깃이라면 대학교 인근 지역을, 직장인이 타깃이라면 역세권을 선택하면 된다. 대학교가 많은 마포구(홍대 인근, 합정)와 서대문구(신촌)에 가장 많고 관악구(신림동)와 동대문구(외대, 경희대), 성북구(고려대) 등과 20대 여성 직장인이 몰린 강남에도 많다. 아직 우리나라는 경쟁할 정도로 셰어하우스가 많지 않으니 셰어하우스가 몰려있는 지역에 창업해도 한동안은 경쟁 없이 운영할 수 있을 것이다. 다만 기존 셰어하우스보다 시설을 우수하게 갖춰야 한다.

― 젊은 층이 모이는 곳도 무방하다 ―

만일 셰어하우스가 형성되어 있는 대학교 인근이나 역세권에 마땅한 입지를 확보하기 어렵다면, 젊은 층이 몰려드는 곳에 창업하는 것도 괜찮다. 원룸, 오피스텔, 고시원 등이 밀집한 지역에 창업하는 것이 무방하다는 뜻이다. 사람들은 시설이 좋고 가격이 저렴한 지역에 살기를 원하기 때문에 결국 시설이 좋고 비용이 저렴한 셰어하우스를 선호하게 된다.

04

셰어하우스 주택 유형과 규모는 어떻게 정할까?

─ 아파트, 단독, 빌라 모두 괜찮다 ─

셰어하우스는 아파트, 단독주택, 다세대빌라 모두 괜찮다. 주택을 구입해 운영하는 경우라면 매입가격이 높으면 수익률이 문제지만 전대로 운영한다면 크게 문제되지 않는다. 셰어하우스는 적합한 유형이 따로 있는 것이 아니라 임대료(월세)가 저렴하고 다인실(5~7인)로 구성하기 좋은 주택이면 된다. 예를 들어 적당한 크기의 거실과 주방, 화장실과 베란다가 있고 방 숫자가 많은 주택이 적합하다. 큰방은 2~3인실로, 작은방은 1인실로 구성하고 베란다를 유용하게 활용할 수 있기 때문이다. 이런 주택은 가구원 수가 4인 이상이던 2000년대 이전에 많이 지어졌다. 그래서 주택이 좀 낡은 대신 월세가 저렴하고 임대하기도 수월한 편이다.

── 그러나 너무 낡고 오래된 집은 적합하지 않다 ──

방과 화장실이 많더라도 너무 낡고 오래된 주택은 셰어하우스로 적합하지 않다. 수리비가 많이 들기 때문에 손익분기점을 맞추기 어렵기 때문이다. 30년이 넘은 주택은 대부분 수도, 난방용 배관과 단열 하자가 발생한다. 90년대 초반까지 사용한 건축자재의 품질은 열악했다. 당시엔 수도, 난방용 배관으로 주로 스틸(아연도 강관)을 사용했기 때문에 스틸이 부식되면서 녹물이 나오고 누수가 발생한다. 단열재 품질도 열악해서 단열이 잘 안 되고 결로도 발생한다. 그러나 눈으로 이런 하자를 확인하기는 쉽지 않다. 일단 방바닥과 벽을 살펴서 곰팡이 자국이 발견되면 이런 하자를 의심해야 한다. 속편하게 30년 이상 오래된 주택은 피하는 것이 좋다.

── 적합한 주택규모가 따로 있지는 않다 ──

셰어하우스에 적합한 주택의 규모가 따로 있는 것은 아니고 거실, 주방, 욕실이 있고 방 3개 이상이면 운영이 가능하다. 주택규모가 크면 보증금과 월세가 늘겠지만 셰어하우스 세입자에게 받을 보증금과 월세도 많으니 수익률은 엇비슷하다. 셰어하우스 플랫폼 '컴앤스테이' 조사에 의하면 서울의 셰어하우스 평균 보증금은 138만 원/월세 42만 원으로 나타났다. 구체적인 사례를 살펴보자. 서울에서 방 4개짜리 빌라를 보증금 2000만 원/월세 120만 원에 임대해 1000만 원을 들여 인테리어를 하고, 보증금 100만 원/월세 47만 원으로 1인실 2명, 보증금 60만 원/월세 38만 원으로 2인실 4명, 총 6명의 세입자로부터 월세 246만 원을 받는다고 가정하면, 집주인 월세와 물품구입비로 123만 원을 지불하고도 매달 123만 원이라는 순수입이 들어온다.

[셰어하우스 비용 및 수입내역]

비용	수입
보증금 2000만 원	보증금 100만 원, 월세 47만 원×2 (1인실 2개)
인테리어 1000만 원 (가구 및 전자제품구입 포함)	보증금 60만 원, 월세 38만 원×2 (2인실)
월세 120만 원 생활용품 구입 3만 원	보증금 60만 원, 월세 38만 원 2 (2인실)
비용 3000만 원	월세 총합 246만 원
계약종료 후 보증금 반환 시 실제비용 1000만 원	월세 246만 원-월세 및 생활용품 123만 원 =순수입 123만 원

지방도 엇비슷하다. 천안의 대학교 인근 45평 아파트(방 4개)는 보증금 1000만 원/월세 80~100만 원 정도다. 이 주택을 임대해 7인실 셰어하우스로 운영할 경우 대략 보증금 450만 원/월세 170~180만 원 정도를 받을 수 있으니 매월 70~80만 원의 순수입이 들어온다. 이처럼 셰어하우스는 방 3개 이상이면 규모에 크게 구애받지 않는다. 다만 같은 면적이라도 베란다가 넓으면 세입자가 유용하게 활용할 수 있도록 꾸밀 수 있다.

─ 경쟁을 염두에 두고 규모나 시설을 갖춰라 ─

적은 돈을 투자해 비교적 높은 수익을 얻을 수 있어 직장인이나 주부도 투잡 형태로 셰어하우스 사업에 뛰어들기 때문에 경쟁을 염두에 두고 규모나 시설을 갖추어야 한다. 규모가 너무 작으면 공동시설이 너무 열악해 경쟁에서 밀릴 수 있다. 주변에 더 좋은 시설을 갖춘 셰어하우스가 들어서면 소비자는 즉시 그리로 옮겨갈 것이다. 우리나라와 비슷한 시기에 셰어하우스가 등장한 중국도 시설을 잘 갖춘 셰어하우스로 고객이 몰리는 것을 보면 우리나라도 점차 규모화, 고급화될 것으로 예상된다. 그렇게 되면 시설이 열악한 소규모 셰어하우스는 점차 경쟁력을 상실하게 될 것이다. 따라서 주택을 임대해 셰어하우스를 운영하는 경우에도 규모가 너무 작지 않고 공동시설을 잘 갖춰야 경쟁력을 잃지 않을 것이다.

셰어하우스 주택 임대계약 시 요령과 주의할 점

― 임대계약 시 반드시 전대동의를 받아라 ―

집이 없어도 타인의 주택을 임대해 서브리스 방식으로 셰어하우스를 운영할 수 있는 것은 법률에서 전대를 허용하기 때문이다. 따라서 합법이다. 다만【민법】제629조를 보면 '① 임차인은 임대인의 동의 없이 그 권리를 양도하거나 임차물을 전대하지 못한다. ② 임차인이 전항의 규정에 위반할 때는 임대인은 계약을 해지할 수 있다'라고 규정하고 있으므로 반드시 주택임대차 계약서를 작성할 때 '셰어하우스 운영과 전대하는 것에 동의한다'는 문구를 특약에 넣어야 한다. 셰어하우스 운영에 적합한 주택을 찾았다는 마음에 들떠 전대동의를 받지 않고 운영하다가 낭패를 당하는 경우를 종종 본다.

이유가 몇 가지 있는데, 우선 전대동의를 받지 않으면 합법적인 운영이 불가능하다. 나중에 자세히 설명하겠지만 사업자등록을 해야 입주자들이 전입신고 등 행정처리를 할 수 있는데 전대동의가 없으면 사업자등록이 불가능하다. 전대동의를 받지 않으면 불법이라 항상 불안한 상태에서 셰어하우스를 운영해야 하고, 문제가 발생해도 법적보호를 받지 못한다. 즉 문제를 일으키는 입주자가 있어도 강제로 퇴실시키지 못한다. 운영 자체가 불법이니 법적으로 강제이행을 하기가 어렵기 때문이다. 따라서 임대차계약서에 '전대동의'라는 특약은 필수다.

─ 셰어하우스 운영을 밝히고 필요한 동의를 받아라 ─

임대할 주택을 알아볼 때부터 셰어하우스를 운영한다고 당당하게 밝혀야 상호 원만하게 계약에 합의할 수 있다. 셰어하우스를 운영하려면 인테리어 공사는 필수고 전대동의와 장기계약도 필요하다. 이 모두가 임대인의 동의가 필요하므로 셰어하우스를 운영한다고 당당히 밝히고 대신에 내 돈으로 주택을 수리하고 임대기간 동안 관리도 책임진다고 하면 반대할 집주인은 많지 않을 것이다. 집주인인 임대인에게는 수선의무가 있기 때문이다. 법률에 '그것을 수선하지 않으면 임차인이 계약의 목적대로 사용·수익할 수 없는 상태인 것은 임대인이 수선의무를 부담한다'는 규정이 있기 때문에 집주인은 입주인이 요구하는 수리요청이 귀찮기만 하다.

그러니 임차인이 자기 돈으로 집수리도 하고 임대기간 동안 관리도 책임진다면 반대할 이유가 없다. 이렇게 모든 것을 오픈하고 대화하면 상호 합의점을 찾기가 쉽다.

— 공사내용을 구체적으로 설명하고 동의를 받아라 —

집주인이 내부 수리에 동의했더라도 계약종료 시 원상복구를 요구하는 경우가 많다. 이런 경우에는 정당한 금액의 복구비용을 지불해야 한다. 따라서 이 부분을 명확히 하고 공사해야 뒤탈이 없다. 방법은 그리 어렵지 않다. 임차인이 자비로 낡은 것을 새것으로 교체한다고 구체적으로 설명하면 반대하지 않을 것이다. 즉 낡은 욕조, 타일, 변기 등을 새것으로 교체하고 도배장판도 새로 한다고 설명하면 오히려 흔쾌히 동의할 것이고, 당연히 원상복구 요구도 하지 않을 것이다.

— 임대기간은 장기계약이 필수다 —

셰어하우스는 인테리어 및 물품을 구입하기 위해 1000만 원 정도를 투자해야 하므로 장기계약이 필수다. 최소 4년 이상은 돼야 투자금을 회수하고 순수익을 얻을 수 있다. 계약기간을 명시하지 않으면 임대차보호법 계약기간 2년만 보호받기 때문에 반드시 명시해야 한다. 이때도 집수리에 많은 돈을 투자하기 때문에 2년 계약으로는 투자금 회수가 어렵다고 설명하면 굳이 반대하지는 않을 것이다. 단, 집주인은 임대료 인상을 원할 테니 계약기간을 연장할 때 임대료를 인상해주겠다고 하면 어렵지 않게 합의할 수 있다.

06

운영 전에 사업자등록을 하라고 하는 이유

─ 전대 운영은 반드시 사업자등록을 해야 한다 ─

부동산임대업 중 주택임대(전대)는 면세 대상인데도 운영 전에
사업자등록을 하라고 말하는 것은 사업자등록이 셰어하우스 운영
에 필요하고 도움도 되기 때문이다. 자가로 운영하는 경우는 사업
자등록을 꼭 하지 않아도 되지만, 전대라면 꼭 해야 한다. 입주자
전입신고에도 필요하고 셰어하우스 신뢰도도 높일 수 있다. 일반
주택은 임대차계약서에 의해 전입신고를 하는데, 셰어하우스는 입
주자가 운영자와 계약하기 때문에 임대차계약서에 여러 명이 함
께 산다는 내용이 기입되어야 1인가구 다수가 한 집에 중복으로
전입이 가능하다. 사업자등록증이 이를 대신하는 것이다. 전대로
셰어하우를 운영하는 경우 사업자등록을 하려면 집주인의 전대동

의 내용이 들어간 임대차계약서를 지참한 후 해당 소재지 관할세무서에 신청해야 등록증이 발급된다.

― 사업자등록은 셰어하우스 운영에도 필요하다 ―

만일 사업자등록을 하지 않고 셰어하우스를 운영한다면 입주자의 전입신고가 제한될 수 있다. 입주자는 직장이나 기타 문제로 반드시 전입신고를 해야 한다. 직장인은 연말에 전입신고를 기반으로 월세 세액공제 신청을 해야 하는데 전입이 제한되면 계약이 해지될 수 있다. 또 사업자등록증이 있어야 법에 따라 정상적으로 사업하는 것으로 인식되기 때문에 신뢰도를 높일 수 있어 운영에 도움이 된다.

보증금과 월세는 어떻게 책정할까?

─ 주변의 대체재와 비교해 책정하라 ─

사람들이 셰어하우스를 찾는 이유는 무엇보다 저렴한 비용이다. 기존 셰어하우스는 대부분 원룸과 고시원의 중간 정도를 받는다. 그러나 보증금은 원룸에 비해 아주 적다. 주변에 셰어하우스가 있다면 그들이 받는 금액과 자신의 셰어하우스 위치, 시설 등을 고려해 적당한 금액을 책정하면 되겠지만, 비교대상이 없는 지역이라면 대체재인 원룸, 오피스텔, 고시원 등이 받는 금액을 기준으로 보증금과 월세를 책정하면 된다. 예를 들면 원룸은 대략 500~1000만 원, 그 이상의 보증금을 받지만 셰어하우스는 1인실은 100만 원, 2인실은 70~80만 원을 받는다. 계약기간이 1~2년인 원룸은 최소 월세의 5~10달 치를 보증금으로 받지만, 계약기간이 6개월 이하로 짧은 셰어하우스는 월세 2달 치만 보증금으로 받으면 충분하다.

─ 보증금은 저렴하고 월세는 비슷하게! ─

월세는 원룸보다 다소 저렴하게 책정하면 된다. 셰어하우스 매출 대부분이 월세기 때문에 너무 적은 금액을 책정하면 유지가 어렵다. 따라서 투자금과 원룸의 월세를 감안해 책정해야 한다. 주변에 있는 풀옵션 원룸의 월세보다 5~10만 원 정도 낮게 책정하는 것이 적당하다. 앞서 본 것처럼 서울의 셰어하우스 평균 보증금은 138만 원, 월세는 42만 원인 것으로 나타났다. 그러나 이 금액은 강남과 역세권을 모두 포함한 평균 금액이니 반드시 위치를 감안해 보증금과 월세를 책정해야 한다. 예를 들면 대학교 주변은 역세권보다 금액이 저렴해야 한다.

08

입주자 모집과 관리는 어떻게 하나?

― '직장, 다방' 같은 애플리케이션이나 인터넷 카페를 활용하면 쉽다 ―

일반 부동산 임대는 부동산을 통해 입주자를 모집하지만 셰어하우스는 운영자가 직접 모집해야 한다. 그래서 두려울 수도 있지만 인터넷 카페나 블로그를 이용하면 그리 어렵지 않다. 셰어하우스 고객이 주로 20대 젊은 층이어서 '직장, 다방' 같은 애플리케이션이나 인터넷 카페를 활용하기 때문이다. 누적방문자 4억 명을 돌파했다는 인터넷카페 '피터팬의 좋은 방 구하기'에는 빠르게 방을 구하거나 빼야 하는 사람들이 모여 있다. 셰어하우스 개인 운영자들이나 셰어하우스 입주를 희망하는 사람들이 이런 인터넷카페를 자주 찾는다. 특히 셰어하우스 운영을 준비하는 예비 창업자들이 인터넷카페를 자주 방문해서 다른 운영자들이 올린 글을 읽기도 하고 자신이 글을 올리기도 한다. 따라서 인테리어를 할 무렵부터 인터넷카페를 방문해서 다른 운영자들이 올린 글을 참고해 셰어하우스 오픈 무렵부터 글을 올려 홍보하면 된다.

─ 블로그를 만들어 홍보하는 경우도 있다 ─

블로그를 만들어서 자신의 셰어하우스를 적극적으로 홍보하는 경우도 있다. 인터넷 카페를 이용하는 것보다 많은 시간과 노력이 필요하지만 여러 곳에 셰어하우스를 운영하는 운영자라면 좋은 홍보 방법이다. 처음부터 그렇게 할 필요는 없을 것 같고, 1~2호점을 내는 초기에는 인터넷 카페를 이용하다가 점차 개점이 늘어나면 블로그를 만들어 홍보하면 되지 싶다. 셰어하우스는 부동산을 통하지 않고 운영자가 직접 입주자를 모집해야 한다는 부담은 있지만 인터넷 카페나 블로그를 이용해 모집할 수 있고, 부동산수수료를 지불하지 않아도 되니 그리 걱정할 것 없다.

09

부업으로 시작해서 전업 운영자를 꿈꿔라

─ 셰어하우스는 큰돈 버는 사업이 아니다 ─

셰어하우스는 큰돈 버는 사업도 아니고 고수익 임대사업도 아니다. 그럼에도 불구하고 소액투자의 첫 번째 아이템으로 소개하는 것은 소자본 투자로 비교적 안전하게 높은 수익을 낼 수 있기 때문이다. 소자본을 부동산에 투자해서 돈을 번다는 것은 어렵지만, 셰어하우스라면 소자본 투자로 비교적 안전하게 높은 수익을 얻을 수 있다.

가장 흔한 예를 들어보자. 서울 강북의 A씨는 방 3개인 빌라를 보증금 1000만 원/월세 100만 원에 빌렸다. 1000만 원으로 인테리어를 한 후 방 3개를 모두 2인실로 꾸며 각각 보증금 60만 원/월세 35만 원에 세를 놓았다. 입주자 6명으로부터 받는 월세 210

[셰어하우스 수익률 계산]

룸 타입 및 개수	보증금	월세
2인실×3개(총 6인)	60만 원	35만 원
합계	360만 원	210만 원

항목	항목 세부사항	월세
투자금	집 보증금	1000만 원
	인테리어비용	1000만 원
임대료(IN)	입주자 보증금(6명)	360만 원
	입주자 월세	210만 원
임대료(OUT)	집 월세	100만 원
소모품비	물품구입	10만 원
실투자금	투자금-입주자 보증금	1640만 원
수익	(입주자 월세-집 월세-소모품비) 12	1200만 원
수익률	수익/실투자금	73.1%
공실반영 시 수익률	20% 반영	58.5%

만 원으로 집주인 월세와 물품구입비 110만 원을 지불하면 매달 100만 원의 수입을 얻는다. 수익률을 계산하면 위 표와 같다.

공실률을 반영해도 수익률이 무려 58%나 된다. 사례로 든 A씨의 경우는 방 3개가 모두 2인실에 적합한 크기여서 1인실과 2인실이 혼합된 경우보다 수익률이 높은 편이다. 하지만 대부분의 셰어하우스 수익률도 40~50% 정도로 나타난다. 임대료가 비싼 강남에서 운영하는 B씨의 셰어하우스 수익률 역시 공실 20%를 반영해도 38%나 된다.

─ 다른 투자에 비해 수익이 높고 안전하다 ─

지금까지 본 것처럼 셰어하우스는 다른 어떤 투자보다 수익률이 높고 안정성과 지속가능성이 담보되는 사업이다. 2000~3000만 원을 투자해 1년에 순수익 1200만 원 이상을 얻는다. 매년 1호점씩 늘려가면 10년 후엔 연 1억 2000만 원 이상을 벌 수 있다. 소자본 투자에 이보다 좋은 아이템은 찾기는 어렵다고 생각한다. 그래서 소득감소로 미래가 불안한 청춘들에게 허리띠를 졸라매고 2000~3000만 원을 모아 적극적으로 투자에 나서라고 권하고 싶다. 2030세대 청춘들을 대상으로 하는 사업이라서 청춘들이 하면 더 잘될 것이다. 다만 충분히 사전준비를 하고 신중하게 투자할 것을 당부한다. 처음에는 부업으로 가볍게 시작하고, 매년 1호점씩 차근히 늘려나가다가 나중에는 셰어하우스 전업 운영자가 되길 바란다.

2장

천만 원 투자로 월세 받는
에어비앤비

왜 에어비앤비인가?

── 공유경제 열풍의 확실한 강자, 에어비앤비 ──

4차 산업혁명 시대에 공유경제의 확산은 세계경제에서 거스르기 힘든 추세다. 에어비앤비(Airbnb)는 세계적인 공유경제 열풍을 타고 2008년 8월에 미국에서 창립된 숙박 공유 플랫폼 스타트업이다. 게스트(Guest)는 숙소를 예약할 때 에어비앤비를 통해 숙박대금을 지불하고, 집주인인 호스트(Host)은 게스트가 체크인한 후 24시간이 지난 뒤에 에어비앤비를 통해 숙박대금을 받는다. 호스트는 보험을 통해 절도와 기물파손으로 인한 피해까지 보상받을 수 있어 안전하다.

에어비앤비는 전 세계적으로 가파른 성장세를 이어가고 있다. 이제 겨우 10년이 된 기업이지만 현재까지 에어비앤비를 이용한 사람은 6천만 명이 넘는다. 에어비앤비의 기업가치는 300억 달러 이상으로 세계 최대 호텔체인 힐튼의 시가총액 276억 달러에 버금간다. 한국에도 2013년 1월에 진출한 후 발 빠르게 사업을 확장하고 있다.

─ 한국에서도 가파른 성장세를 이어가고 있다 ─

에어비앤비 최고전략책임자가 밝힌 바에 의하면 아시아태평양 지역에 속한 관광소외 도시의 에어비앤비 숙소는 50만 개에 이르고, 지난 1년 동안 이들 지역의 에어비앤비 호스트가 벌어들인 수입은 총 10억 달러(약 1조 2000억 원)에 달한다고 한다. 국내 에어비앤비에 등록된 숙소는 4만 5600여 개다. 지난해 에어비앤비를 통해 관광소외 도시를 찾은 방문객은 35만 명으로 전년대비 92.8% 증가했는데 이는 중국(179.2%), 베트남(110.8%), 필리핀(100.2%), 말레이시아(97.5%)에 이어 아시아태평양 지역 14개국 중 5위에 해당하는 성장률이다. 이처럼 에어비앤비가 가파른 성장세를 이어갈 수 있는 것은 세계의 각 나라들이 에어비앤비 확장을 반기고 있기 때문이다. 여행자가 머물 곳이 부족하면 많은 재원을 들여 모텔이나 호텔 등 숙박시설을 새로 지어야 하는데 에어비앤비가 활성화되면 기존 주택을 활용할 수 있기 때문에 세계 각 나라들이 에어비앤비를 법률로 뒷받침하고 있는 것이다.

─ 한국도 에어비앤비를 법률로 뒷받침하고 있다 ─

에어비앤비(게스트하우스)는 숙박업이다. 따라서 법률이 뒷받침되지 않으면 운영이 불가능하다. 이에 정부는 「관광진흥법(시행령)」을 개정해 관광객 이용시설업 종류에 '외국인 관광 도시민박업'을 추가시켰다. 한국관광공사의 외국인 관광 민박업 서비스매뉴얼에 구체적인 내용이 기술되어 있다.

> '외국인관광 도시민박업(G형)'이란 사업자가 거주하고 있는 단독주택, 다가구주택, 아파트, 연립주택 또는 다세대주택을 이용하여 외국인 관광객에게 한국의 가정문화를 체험할 수 있도록 기숙형 숙박서비스(게스트하우스 형태)를 포함한 시설을 갖추고 숙식 등을 제공하는 관광이용시설업을 말한다.
>
> '외국인관광 도시민박업(H형)'이란 사업자가 거주하고 있는 단독주택, 다가구주택, 아파트, 연립주택 또는 다세대주택의 빈방(객실)을 이용하여 외국인 관광객에게 한국의 가정문화를 체험할 수 있도록 가정형 숙박서비스(홈스테이 형태)를 포함한 시설을 갖추고 숙식 등을 제공하는 관광이용시설업을 말한다.

따라서 에어비앤비는 위와 같은 요건을 갖춰 구청에 도시민박업 지정신청을 한 후 지정받고 사업하면 된다. 단, 도시지역만 지정이 가능하고 외국인 관광객만 허용된다. 그런데 정부가 '관광진흥

Part 2. 소액투자 편

법 개정을 통해 외국인 관광객에게만 허용된 도시지역 숙박 공유를 내국인에게도 허용하겠다'고 밝혔다. 정부가 밝힌 공유숙박 로드맵에 따르면 내국인을 대상으로 한 도시지역 숙박 공유는 본인이 거주 중인 방 5개 이하 주택 1채에 대해서만 등록이 가능하며, 영업일수도 연 180일 이내로 제한되어 있다.

이렇게 외국인 관광 도시민박업 외에 공유 민박업이 허용됨에 따라서 에어비앤비는 더 가파른 성장세를 이어갈 것으로 전망된다. 한편 「농어촌정비법」에 의한 '농어촌민박사업'은 이미 시행되고 있으며 농어촌민박은 내외국인 모두 허용된다. 따라서 농어촌민박도 에어비앤비 등록이 점차 증가하면서 에어비앤비를 이용하는 내외국인 관광객이 갈수록 증가하고 있다. 이처럼 외국인 관광객뿐만 아니라 내국인 관광객 이용도 갈수록 증가하고 있으니 에어비앤비는 앞으로도 성장세를 이어갈 것이다.

─ 집 없이도 가능해서 소자본창업에 적합하다 ─

에어비앤비도 셰어하우스처럼 집 없이도 주택을 임대해 등록하면 운영이 가능하다. 따라서 국내에서 에어비앤비 호스트를 하려면 도시민박업이나 농어촌민박업으로 등록하면 된다. 거주지(주택 소재지)가 시 · 군 · 구이면 도시민박, 읍 · 면이면 농어촌민박 등록을 하면 된다. 임대해서 운영할 수 있으니 소자본 투잡이나 재테크 아이템으로 적합하다. 다만 에어비앤비는 숙박업으로 분류되니 반드시 구청에 등록해야 한다. 셰어하우스는 부동산임대업이라 바로 사업자등록을 하면 되지만, 에어비앤비는 먼저 구청에 등록하고 나중에 사업자등록을 해야 한다. 반드시 $230m^2$ 이하 주택용도이어야 하고 사업자가 거주해야 하며, 거실과 화장실 등을 공유해야 한다.

따라서 원룸 운영은 이러한 취지에 맞지 않아 불법으로 간주된다. 공동주택인 경우에는 입주민의 동의를 받아야 한다. 요즘 인터넷에서 '호스트 한 사람이 오피스텔을 대량으로 임대해 빈방으로 제공하고 있다'며 홍대입구역 주변의 경우 많게는 6곳, 적게는 2~3곳의 오피스텔을 1명의 슈퍼호스트가 운영하는 경우가 비일비재하다고 하는데 엄연히 불법이다. 오피스텔은 '주택을 이용하여 외국인 관광객에게 한국의 가정문화를 체험할 수 있도록 하자'는 외국인 관광 민박업의 취지에 맞지 않는다.

― 에어비앤비도 수익률이 양호한 지속가능한 사업이다 ―

에어비앤비도 셰어하우스처럼 수익률이 양호한 지속가능한 사업이다. 우리나라를 찾는 외국인 관광객과 내국인 관광객이 꾸준히 증가하고 있어 수요가 넘친다. 2015년의 경우 외국인 관광객 증가는 2.8%였으나 2016년에는 13.3%, 2017년에는 15.4%로 증가하여 매년 두 자릿수 이상 증가추세를 보이고 있고, 그에 따라 에어비앤비 수요도 꾸준히 증가하고 있다. 수익성도 셰어하우스 못지않게 양호하다. 지역에 따라 차이가 있지만 에어비앤비 방 하나에 평균 4~5만 원을 받는다고 할 때 방 4개인 경우 1일 16~20만 원의 수입이 들어온다. 공실률을 40%까지 반영해도 월 288~360만 원의 수입이다. 따라서 셰어하우스보다 관리비가 많이 들지만 수익률은 훨씬 높다. 이처럼 에어비앤비는 높은 수익률에다 수요도 꾸준히 증가하고 있으므로 안전하고 지속가능한 사업으로 평가할 수 있다.

입지는 어떤 지역을 선택할까?

―**도시지역은 외국인 관광객 입장에서 선택하자**―

서울특별시 내 에어비앤비는 1만 2794곳으로 파악되었는데 그 중 78%가 도심·홍대·강남에 집중되어 있는 것으로 나타났다. 여행자들은 그 나라의 고대문화, 현대문화는 물론이고 거리풍경과 자연환경 등을 보길 원하고 쇼핑도 하고 싶을 것이다. 여행사를 통한 패키지여행과는 달리 자유여행자들은 여행을 떠나기 전에 방문지를 정하고 교통편을 미리 확인한다. 그리고 거기에 맞춰 에어비앤비를 통해 숙소를 예약한다. 인천공항에 내린 후 지하철을 이용해 현대문화가 살아 숨 쉬는 홍대에 가고, 고대문화를 보기 위해 광화문과 북촌을 찾는다. 공항버스를 타고 한국의 경제, 사회, 문화를 한눈에 볼 수 있는 강남으로 가기도 한다.

이처럼 외국의 자유여행자들이 자주 찾는 관광지와 그곳을 연결하는 지하철이나 공항버스 노선을 파악하고 지하철역이나 공항버스가 정차하는 곳에서 그리 멀지 않은 곳에 입지를 찾으면 된다. 근처에 식당이나 카페, 편의점 등이 적당히 있는 지역이면 여행객이 필요에 따라 이용할 수 있으니 편할 것이다. '역지사지'라고 내가 여행자라면 한국의 어떤 지역이 여행하기 편하고 좋은 곳일지 생각해보면 좋은 입지를 선택할 수 있다. 외국인 관광객이 많이 찾는 경주, 부산, 제주 등도 같은 기준으로 선택하면 된다.

─ 농어촌지역은 많은 사람이 찾는 유명관광지를 선택하자 ─

필자도 1년에 2~3회 정도 가족들과 국내여행을 하는데 최근에는 주로 에어비앤비를 통해 숙소를 예약한다. 휴가철이나 봄가을에는 속초 · 양양, 강릉, 동해 · 삼척, 제주 등 유명관광지의 호텔이나 콘도는 예약도 어렵고 비용도 많이 들기 때문이다. 에어비앤비를 통해 민박집을 예약하면 비용도 저렴하고 내 집 같은 느낌이어서 오히려 편히 쉴 수 있다. 지지난해에는 제주도로 여름휴가를 갔는데 에어비앤비를 통해 하귀 바닷가 1층 단독주택을 예약했다. 별장 같은 느낌이어서 편히 쉴 수 있었다. 지난해에는 여수로 여름휴가를 갔는데 역시 에어비앤비를 통해 여수바닷가 2층 민박집을 예약했다. 아침에 일출을 볼 수 있는 경치가 너무 좋았다. 금년 봄에는 거제 · 통영과 구례(지리산)로 여행을 갔는데 역시 에어비앤비를 통해 민박집을 예약했다. 거제·통영은 바다가 한눈에 들어오는 아파트였고 구례는 1층 단독주택이었는데, 두 곳 모두 경치도 좋고 시설도 좋아서 편히 쉴 수 있었다.

　에어비앤비를 통해 예약하는 농어촌민박은 호텔이나 콘도에 비해 비용도 저렴하고 주변에 맛집, 카페, 편의점 등이 있어서 필요에 따라 자유롭게 이용할 수 있다. 그래서 오히려 자유롭게 편히 쉴 수 있다. 이런 점들을 참고해 사람들이 많이 찾는 유명관광지에 입지를 선택하면 무난할 것이다.

에어비앤비 주택 유형과 규모는 어떻게 정할까?

― 오피스텔을 제외한 주택용도만 가능하다 ―

에어비앤비는 $230m^2$ 이하 주택용도라면 단독주택, 다가구, 다세대, 연립주택, 아파트 모두 괜찮다. 에어비앤비도 주택을 구입해서 운영하는 경우라면 규모와 수익률의 상관관계를 고려해야겠지만, 주택을 임대하는 경우라면 규모가 크게 문제되지 않는다. 다만 방 숫자가 3개 이상은 돼야 게스트를 받기도 좋고 수익률도 높일 수 있다. 따라서 전용 $85m^2$(33평형) 이상의 주택을 임대하자.

― 되도록 거실이 넓은 주택을 선택하라 ―

주택 유형이나 규모가 크게 문제되지는 않지만 외국인은 거실문화에 익숙하니 가능하면 거실이 넓은 주택을 선택하는 것이 좋다.

거실이 중요한 이유는 또 있다. 넓고 잘 꾸며진 거실 사진을 찍어 에어비앤비에 올리면 게스트가 호감을 갖고 쉽게 선택할 수 있기 때문이다. 거실이 에어비앤비의 얼굴인 셈이다. 아늑하고 편안한 거실 분위기를 위해 주로 화이트 계열이나 연한 블루 계열로 꾸민다. 거실, 화장실 등을 공유하기 때문에 화장실도 중요하다. 화장실이 최소 2개 이상은 돼야 하고 깨끗해야 한다. 그래서 대부분은 화장실 타일을 교체하고 변기, 세면대 등도 새것으로 바꾼다.

─ 그러나 낡고 오래된 집은 적합하지 않다 ─

에어비앤비도 셰어하우스처럼 너무 낡고 오래된 주택은 적합하지 않다. 수리비가 많이 들어 손익분기점을 맞추기 어렵기도 하지만 주택 외관을 촬영해 에어비앤비에 올려야 하는데 주택이 낡은 모습이면 게스트가 호감을 갖기 어렵다. 실제로 주택을 사용할 때도 불편하지 않아야 하는데 너무 오래된 주택은 수도·난방용 배관, 단열재 등의 품질이 열악해서 수리가 어렵고, 자칫 녹물이 나오거나 누수가 발생할 수 있으며, 단열이 안 돼 춥거나 더울 수 있다. 따라서 가능하면 너무 오래되지 않은 주택을 선택하는 것이 좋다.

에어비앤비 주택 임대계약 시 요령과 주의할 점

— 에어비앤비 운영을 밝히고 필요한 동의를 받아라 —

에어비앤비도 주택을 임대해 운영할 수 있기 때문에 임대계약을 할 때부터 에어비앤비 운영을 밝히고 도시민박업 지정과 운영에 필요한 동의를 받아야 한다. 우선 외국인 관광 도시민박업 지정신청 시 임대차계약서를 제출해야 한다. 구체적으로는 다음과 같다.

① 사업계획서 1부

② 신청인의 성명, 주민등록번호를 기재한 신청서

③ 시설의 배치도 또는 사진 및 평면도

④ 등기부 등본 또는 임대차 계약서 사본(※본인 소유일 경우: 건물/토지 등기부 등본, 임대차계약에 의한 거주일 경우: 임

대차계약서 사본)

⑤ 사업자 본인이 방문신청하지 못할 경우: 위임장을 소재지하고 관할구청에 제출해야 한다.

도시민박업 지정신청을 할 때 임대차계약서를 제출해야 하기 때문에 '게스트하우스 운영과 전대하는 것에 동의한다'는 문구를 특약에 넣어야 한다. 운영자가 임대주택에 거주하더라도 주택의 대부분을 타인에게 돈을 받고 빌려주기 때문에 만일 집주인이 전대에 동의하지 않았다고 문제를 제기하면 낭패일 수 있다. 또 에어비앤비에 등록해 게스트하우스를 운영하려면 인테리어 공사가 필수인데 이 또한 임대인의 동의를 받아야 한다. 따라서 미리 에어비앤비를 운영한다고 밝히고 대신에 자신의 돈으로 주택을 수리하고 임대기간 동안 관리도 책임진다고 하면 수선의무를 부담해야 하는 임대인은 굳이 반대하지 않을 것이다.

─ 공사하기 전에 동의를 꼭 받아라 ─

일반적으로 집주인은 내부수리에 동의했다 하더라도 계약종료 시 원상복구를 요구하는 경우가 많다. 따라서 이 부분을 명확히 하고 공사해야 뒤탈이 없다. 임대계약을 체결할 때 임차인이 자비로 낡은 것을 새것으로 교체한다고 구체적으로 설명하면 반대하지 않을 것이다. 타일이나 욕조, 변기 등을 새것으로 교체하고 도배·

장판도 새로 하고 외관도 손보겠다고 하면 집주인은 오히려 흔쾌히 허락할 것이고, 당연히 원상복구 요구도 하지 않을 것이다.

─ 에어비앤비도 장기계약이 필수! ─

에어비앤비도 인테리어 및 전자제품 등을 구입하는 데 1000만 원 정도를 투자해야 한다. 따라서 4년 이상 장기계약이 필요하다. 집수리에 많은 돈이 투자되기 때문에 2년 계약으로는 투자금회수가 어렵다고 설명하면서 4년 이상 장기계약을 요구하면 굳이 반대하지는 않을 것이다. 이 경우에도 집주인은 임대료 인상을 원할 테니 계약기간을 연장할 때 임대료를 인상해주겠다고 약속하면 어렵지 않게 합의에 이를 것이다.

05

에어비앤비 숙소 등록과 예약은 어떻게 할까?

— 에어비앤비 숙소 등록하기 —

에어비앤비 홈페이지(www.airbnb.co.kr)에 로그인한 후 '객실 등록하기'을 클릭한다. 자신이 보유한 객실상태를 정확하게 설명하고 제공되는 편의시설을 선택한다. 최대 숙박인원은 몇 명인지, 방이 몇 칸인지, 침대가 몇 개인지, 침대유형은 더블인지 킹인지, 욕실이 몇 개인지(샤워시설 없이 변기만 있는 경우 0.5개)를 입력하고 주소를 입력한다. 게스트가 사용할 수 있는 공간을 입력하고 촬영한 숙소사진을 올린다. 사진은 외관, 거실, 방, 화장실 등을 촬영하여 업로드한다. 모든 내용은 정확하게 입력해야 한다.

─ 숙소요금 책정하기 ─

숙소요금을 얼마 받을지는 전적으로 호스트가 결정한다. 적절하고 합리적인 요금을 결정하려면 인근 지역에 위치한 비슷한 숙소가 받는 요금을 검색한 후 정하면 된다. 이때 청소비를 요금에 포함할지, 별도로 받을지도 결정해야 한다. 숙박료 외에 애완동물 동반 등에 대한 요금을 부과하려면 사전에 게스트에게 알려야 하고, 예약할 수 있는 날짜를 달력에 표시하면 여행객이 문의하는 불편을 막을 수 있다. 에어비앤비 결제시스템에서 숙박대금 입금 방법도 설정해 놓아야 한다.

─ 예약받기 ─

에어비앤비의 메시지시스템을 이용해 여행객의 메시지나 예약요청에 답한다. 응답률과 검색결과 순위는 메시지 답변속도에 달려 있기 때문에 신속하게 답하는 게 좋다. 예약요청 수락 여부는 전적으로 호스트가 결정한다. 만일 호스트가 정해 놓은 요금에 부합하지 않을 경우 예약요청을 거절할 수 있다. 예약요청을 한 번 거절했다고 해서 검색결과에서 숙소 순위가 낮아지는 것은 아니지만 너무 자주 거절하면 부정적인 영향을 줄 수 있다.

─ 슈퍼호스트에 도전하기 ─

슈퍼호스트가 되려면 최소 1년 이상 게스트하우스 운영을 잘해서 게스트들로부터 호평을 받아야 한다. 즉 1년 이상 계정에 위반 사항이 없어야 하고 에어비앤비가 정해 놓은 다음 요건을 충족해야 한다. 따로 신청할 필요는 없고, 매 분기마다 진행되는 평가일에 슈퍼호스트 요건을 충족하면 자동으로 슈퍼호스트가 된다.

① 지난 1년간 최소 10회의 숙박을 호스팅했거나 장기숙박인 경우 최소 3회, 총 100박 이상 호스팅한 경험이 있어야 한다.

② 전체 게스트 중 50% 이상이 후기를 작성한다.

③ 응답률을 90% 이상 유지한다.

④ 정상참작 가능한 상황 외 취소율이 0%다.

⑤ 4.8점 이상의 전체 평점을 유지한다.

부업으로 시작해서 전업 슈퍼호스트를 꿈꿔라

— 에어비앤비도 셰어하우스 못지않게 유망한 사업이다 —

앞서 본 것처럼 정부의 전방위적인 부동산대책으로 부동산시장은 침체에 빠졌다. 거래실종으로 문을 닫는 부동산도 속출한다. 이렇게 부동산 전망이 한 치 앞도 보이지 않는 상황에선 투자는 엄두도 내기 어렵다. 그러나 에어비앤비는 셰어하우스 못지않게 투자 안정성과 지속가능성, 수익성과 확장성 등의 조건을 모두 갖추고 있다. 비슷한 점도 많다. 셰어하우스는 부동산임대업인데 에어비앤비는 숙박업인 것이 다르지만 공유주택이라는 건 똑같다. 집이 없어도 주택을 임대해 운영할 수 있고, 투자 대비 높은 수익을 얻을 수 있다.

─ 다른 투자에 비해 수익률이 높고 안전하다 ─

에어비앤비도 큰돈을 버는 사업은 아니지만 특별한 노하우 없이도 가능하고, 소액투자로 비교적 안전하게 높은 수익을 올릴 수 있다. 앞에서 보았지만 공실률이 50% 미만만 되면 셰어하우스보다 수익률이 더 높다. 다른 어떤 투자보다 투자 대비 수익률이 높고 안전하고 지속가능한 사업이다. 그래서 미래가 불안한 청춘들에게 허리띠를 졸라매고 2000~3000만 원을 모아 적극적으로 투자에 나서라고 권하고 싶다. 처음에 부업으로 시작해서 나중에 전업 슈퍼호스트가 되길 바란다. 다만 부동산투자는 한 시대 유행하는 투자기법을 이용해 잠깐 수익을 올리고 마는 것이 아니라 평생 동안 이루어져야 하는 것이니, 조급하게 맘먹지 말고 차근차근 정석대로 밟아 나가기를 당부한다.

3장

3000만 원이 만드는 기적,
경매

왜 경매인가?

― 경매는 또 하나의 부동산시장이다 ―

주택가격 상승기가 지난 후 부동산시장은 양극화와 지역별 차별화가 심화·고착화 되고 있고, 정부의 전방위적인 규제로 부동산시장이 요동치고 있다. 이런 혼돈의 시대에는 부동산투자가 쉽지 않다. 특히 여윳돈이 부족한 소액투자자는 엄두도 내지 못한다. 얼마 안 되는 돈을 가지고 부동산을 방문하면 "그 돈으로 살 수 있는 부동산은 없다"고 문전박대 당하기 일쑤다. 그러나 경매는 전혀 그럴 필요가 없다. 경매는 국가기관인 법원이 법률에 따라 집행(운영)하는 또 하나의 부동산시장이어서 누구나 자유롭게 참여할 수 있고, 자신의 돈에 맞는 상품을 골라 응찰할 수 있다. 따라서 여윳돈이 없거나 부족해도 실력과 열정이 있으면 부자가 될 수 있다.

─ 경매는 매매시장과 역행하는 속성이 있다 ─

무엇보다 큰 경매의 장점은, 경매 낙찰가격이 매매시장의 급매가보다 싸고, 매매시장과 역행하는 속성이 있어 수익을 내기가 수월하다는 것이다. 사람들은 부동산 호황기에 미래에 가격이 오를 것을 기대하고 부동산을 매수한다. 그래서 '매도자 우위 시장'이 형성된다. 그런데 부동산 경매는 매매시장의 흐름과 역행하는 속성이 있다. 매매시장은 호황기에 매수가 증가하고 수익도 증가하지만, 경매는 불황기에 물건이 증가하고 수익도 더 크게 발생한다. 부동산경기가 불황일 때 부동산가격이 하락하면서 거래가 감소하고 대출을 감당하지 못하는 한계가구부터 자산 상각이 이루어져 경매 물건이 증가한다. 부동산경기 불황기에는 경매 참가자가 줄어들면서 낙찰가격도 하락하기 때문에 불경기에 오히려 수익이 더 크게 발생한다. 최근엔 경매 열풍이 불면서 낙찰가가 시세에 근접할 정도로 높아졌다.

─ 갈수록 낙찰가율이 높아진다 ─

가정주부들이 경매에 참여한 지는 이미 오래다. 요즘은 2030청춘세대들이 경매에 뛰어들고, 젊은 직장인들이 투잡으로 참여하기도 한다. 그러다 보니 낙찰가율이 높아졌다. 경매는 강제적인 매각 절차에 의한 소위 '빚잔치'에 의한 처리절차라 정상가에 비해 저렴하게 취득할 가능성이 높다. 하지만 갈수록 낙찰가율이 높아지는 추세여서 웬만큼 노력해선 경매로 돈을 벌기가 쉽지 않다. 가치나 권리분석이 복잡하지 않은 평이한 물건은 낙찰 경쟁이 치열한 반면, 권리관계가 복잡한 물건은 기피하는 경향이 있다. 따라서 남들이 기피하거나 보지 못하는 모래 속 진주 같은 물건을 찾아내 낙찰받아야 큰 수익을 낼 수 있을 것이다. 하지만 가치분석, 권리분석 능력이 부족한 초보자라면 꿈같은 소리일 뿐이다.

─ 실력을 갖추고 열정이 있어야 성공한다 ─

투자의 특성상 부동산경매도 우연이나 요행이 있을 수 있다. 그러나 잘해야 한두 번이다. 전문가의 자문이나 경매컨설팅을 받기도 하지만 완벽한 대안은 되지 못하고 때에 따라서는 오히려 독이 될 수도 있다. 경매컨설팅 보수구조 때문인데 컨설팅보수는 낙찰이 돼야 낙찰금액에 비례한 수수료를 받기 때문에 마구잡이식으로 투자 권유를 하는 경우가 많다. 그래서 컨설팅을 믿고 투자했다가 이윤은커녕 손해를 보는 경우가 종종 발생한다. 결국 아는 만큼 볼 수 있다는 게 진리다. 전문적인 지식을 습득하고 부동산시장의 흐름을 읽을 수 있는 실력을 갖추고 열정이 있어야 투자에 성공할 수 있는 법이다.

02

경매에 대한 오해와 편견, 그리고 핵심

― 경매가 어렵고 위험하다는 것은 오해와 편견이다 ―

사람들이 부동산 소액투자는 경매만 한 게 없다는 것을 알면서도 쉽게 투자에 나서지 못하는 것은 경매가 어렵고 위험하다고 생각하기 때문이다. '권리분석을 잘못하면 돈을 잃게 된다'거나 '점유자를 내보내는 과정에서 물리적·정신적 위협이 발생할 수 있다'고 생각하는 사람이 많은데 상당 부분이 오해와 편견이다. 경매가 전문적인 지식을 요하는 것은 사실이지만, 어느 정도 전문지식을 갖추면 위험하거나 어렵지 않다. 특히 '돈이 많아야 경매한다'는 것은 편견에 불과하다. 이 책에서는 여윳돈이 부족해도 경매로 돈을 벌고 부자가 될 수 있는 방법과 방안을 제시하려고 한다. 다만, 경매에 관한 전체 내용은 대단히 광범위해서 여기에서는 초보자가 투자하기 전에 꼭 알아야 할 내용만 간추려서 서술하니 더 자세한 사항은 따로 시간을 들여야 한다.

─ 물건 검색이 경매의 시작이다 ─

경매의 첫 단계는 물건 검색을 통해 경매 물건에 대한 정보를 파악하고 관심물건을 가려내는 작업이다. 그런데 이것이 말처럼 쉽지 않다. 경매사이트에는 하루에도 수없이 많은 물건이 올라오는데 그중 돈이 될 만한 물건을 가려내기란 어렵다. 학원에서 경매 공부를 했어도 초보자는 어떻게 검색할지 몰라 당황하게 된다. 경매사이트 물건상세 검색창을 열어서 물건의 용도, 소재지 및 내역, 감정평가액 및 최저매각가격, 유찰회수, 비고란의 기재사항을 살핀다. 가능성 있어 보이는 사건 창을 열어서 현황조사서, 감정평가서의 내용을 살펴보지만 적합한 물건을 찾기가 힘들다.

경매는 경매절차의 이해관계인이 아닌 자에게는 '대법원 경매정보 홈페이지'에 기재해 놓은 내용 외에는 정보의 제공이 제한된다(「민사집행법」 제90조, 제268조 및 경매절차 처리지침 제53조제1항). 따라서 모든 투자자는 '대법원 경매정보 홈페이지'에 제공된 정보만을 가지고 경쟁해야 하기 때문에 경매의 핵심정보를 보고 대상물건을 가려내야 한다.

─ 경매의 핵심정보는 현황조사서와 감정평가서다 ─

경매의 핵심정보는 '현황조사서'와 '감정평가서'다. 집행법원은 경매개시 결정을 한 뒤에 집행관에게 현황조사를 명한다. 즉 부동산의 현상, 점유관계, 차임, 보증금의 액수, 그 밖의 현황에 관하여 조사하도록 명하고(「민사집행법」 제85조) 감정인에게 경매부동산을 평가하게 하고, 그 평가액을 참작하여 최저매각가격을 정한다(「민사집행법」 제97조). 그리고 이 두 자료를 기초로 경매절차가 진행된다. 따라서 현황조사서와 감정평가서에 경매에 필요한 핵심정보가 들어 있다. 현황조사서의 점유관계 조사서는 점유권의 성립 여부를 판단하는 기준이 되고, 임대차관계 조사서는 당사자(임차인), 차임, 보증금 액수, 전입일자, 확정일자 등 임대차에 관한 권리관계를 파악하는 기초자료가 된다. 감정평가서는 감정인이 해당 부동산의 경제적 가치를 판정하고 이를 화폐액으로 표시하는 것이어서 해당 물건의 가치를 분석하고 응찰가격을 결정하는 자료가 된다.

이처럼 이 두 자료를 보고 분석해서 응찰대상 물건을 찾아내는 것이 일반적인데 한 가지 주의할 점이 있다. 감정평가사는 실사를 통해 해당 물건의 가격을 감정하는데 이 가격은 해당 물건의 잔존가치를 보고 산정할 뿐 환경이나 미래가치 등은 반영하지 않는다. 따라서 감정가와 시세는 다를 수 있다. 또 매각은 물건을 감정한 날로부터 최소 5~6개월, 혹은 그 이상의 기간이 경과된 후에 진행하기 때문에 감정가와 시세 차이가 날 수 있다. 매각 시점이 상승장인지 하락장인지에 따라서도 시세가 달라질 수 있으므로 반드시 '임장'에서 시세를 확인해야 한다.

─ 선택과 집중이 필요하다 ─

초보자는 수없이 많은 물건 중 돈이 될 만한 물건을 찾아서 응찰하기가 쉽지 않다. 그래서 자신이 잘할 수 있는 물건들만 취급하는 선택과 집중이 필요하다. 경매 분야는 크게는 토지, 건물로 구분되지만 이를 세분화하면 대지, 임야, 전, 답, 주거용, 상업용, 공동주택, 단독주택, 오피스텔, 근린생활 등 엄청 많다. 각 분야별로 법적인 쟁점도 달라진다. 많은 분야에서 고루 실력을 쌓기는 매우 어려우므로 자신이 잘할 수 있는 물건들만 취급하는 것이 낫다고 말하는 것이다. 예를 들면 아파트, 다세대빌라 같은 주거용 부동산은 비교적 권리관계가 복잡하지 않고, 종류와 규모가 다양해서 초보자가 투자하기 좋은 상품이다. 주거용 부동산은 다른 부동산에 비해 세금 부담도 적다.

[주택 취득세 기본세율]

6억 이하	실제매입가격(분양가격) 1%
6~9억 이하	실제매입가격(분양가격) 2%
9억 초과	실제매입가격(분양가격) 3%

토지·건물의 취득세는 지방교육세 포함 4.6%를 내야 하지만, 6억 이하 주택은 지방교육세 포함 1.1%만 내면 된다. 양도소득세 부담도 토지·건물에 비해 적다. 게다가 인도(명도)도 비교적 수월해서 종잣돈이 부족한 초보자에겐 소형아파트와 다세대빌라가 가장 적합하다. 주택은 주인이 거주하거나 임대(전세 또는 월세)를 주는 2가지 유형이 대부분인데 임차인은 거의 대항력과 우선변제권을 가지고 있다. 따라서 경매절차에서 보증금을 배당받거나 매수인이 인수하기 때문에 인도가 비교적 수월하다. 다만 대항력을 갖추지 못한 임차인은 경매절차에서 임차보증금을 모두 돌려받지 못하기 때문에 인도가 어렵다. 이처럼 권리관계가 복잡하지 않고 세금 부담이 적으며 인도가 수월한 주거용 부동산이 소액투자자에게 가장 적합하다. 하지만 이 경우에도 권리분석은 할 수 있어야 한다. 해당 부동산에 얽힌 여러 사람의 이해관계를 따질 수 있어야 입찰유무를 결정하고 입찰가격을 정할 수 있기 때문이다.

─ 권리분석이 수익을 지킨다 ─

권리분석을 하려면 '말소기준등기(말소기준권리)'를 알아야 한다. 말소기준등기는 경매목적물에 성립하는 제 권리 중 말소 또는 인수되는 권리 여부를 결정하기 위한 기준이 되는 등기를 말한다. 말소기준권리는 매각대금에서 가장 먼저 배당을 받지만, 후순위 권리자는 배당을 받든 못 받든 등기부에서 사라진다. 그런데 사라지지 않고 매수인이 인수하는 권리가 있는데 대개는 선순위임차권이다. 따라서 주거용 부동산은 임차인이 보증금을 돌려받는지 못받는지, 그리고 못 받는 보증금을 누가 물어주는지에 따라 입찰가격이 달라진다. 예를 들어 임차인이 인도와 주민등록을 마치고 확정일자를 받은 후에 근저당이 설정되었다면, 임차인은 배당신청을 하지 않아도 새로운 주인에게 보증금을 돌려받을 수 있다. 임차인이 배당요구를 하지 않았으니 법원은 매각대금에서 보증금을 지급하지 않는다. 이런 경우에 응찰자는 예상 입찰가에서 임차보증금을 뺀 나머지 금액을 적어야 한다. 그래서 권리분석이 필요하고 권리분석을 할 수 있어야 수익을 지킬 수 있다.

― 대항력과 우선변제권은 반드시 숙지한다 ―

한 가지 다행스러운 것은 주거용 부동산은 「주택임대차보호법」의 핵심인 대항력과 우선변제권(최우선변제권)에 관한 규정만 숙지하면 초보자도 권리분석을 할 수 있다는 점이다. 다만, 말소기준권리보다 앞서 등기부에 등기된 권리 즉 소유권이전 청구권보전가등기, 지상권, 지역권, 배당신청하지 않은 전세권, 등기된 임차권, 가처분, 환매권 등은 매수인이 인수하는 권리고, 등기부등본상에 나타나지 않는 유치권과 법정지상권도 매수인이 인수하는 권리다. 따라서 이런 권리가 등기부에 나타나는 경우 초보자가 권리분석을 하기는 어려우므로 응찰대상에서 제외하는 것이 좋다.

— 입찰가격은 임장에서 정해진다 —

임장은 물건 검색을 통해 가려낸 관심물건의 실물을 확인하고 필요한 추가정보를 얻기 위한 현장조사 활동이다. 즉 물건검색에서 파악된 정보를 현장에 가서 확인하고 입지, 환경 등을 파악하여 미래가치 등을 판단하고 응찰대상 물건을 선택하며 응찰가격 결정 및 입찰에 대한 확신을 갖기 위한 활동이다. 그런데 임장이 말처럼 쉽지가 않다. 경매는 강제적인 매각절차에 의한 소위 '빚잔치'에 의한 처리절차다 보니 현장조사를 가면 소유자나 임차인이 문전박대를 하는 경우가 다반사다. 이웃사람이나 중개사무소를 찾아가도 시큰둥하기는 마찬가지다. 그래서 임장이 쉽지 않다고 말하는 것이다. 그러나 그럼에도 불구하고 임장은 반드시 해야 한다. 대법원경매정보나 유료경매정보를 그대로 믿었다가 낭패를 보는 경우가 종종 있기 때문이다.

내 경우 임장에 가서 해당 물건의 상태를 철저히 확인하지만 우편함과 계량기를 살펴본다든지, 이웃사람이나 중개사무소를 찾아가서 이것저것 물어보는 것은 별로 하지 않는다. 아무리 애를 써도 법원에서 권한을 부여받은 법원 담당관이나 감정평가사가 조사한 현황조사서와 감정평가서 내용 이상의 정보를 얻기는 어렵기 때문이다. 다만, 등기부등본을 떼서 권리관계를 확인하고 주민센터에서 주민등록 전입세대 열람은 반드시 한다.

가장 중점을 두고 조사하는 것은 해당 물건의 미래가치다. 즉 대상물건의 위치가 구도심인지 신흥개발지인지, 교통로와 접근성은 어떤지를 살피고 학군, 환경, 조망권, 편익시설, 아파트인 경우 단지규모 등을 살펴서 해당 물건의 미래가치 즉 해당 물건이 앞으로 상승 또는 하락할지를 판단하고 응찰여부와 응찰가격을 결정하고 응찰에 대한 확신을 갖는다.

03

권리분석에 빠삭해지는 대항력과 우선변제권

— 대항력, 우선변제권, 최우선변제권 —

앞에서 대항력과 우선변제권은 반드시 숙지해야 한다고 말했었다. 초보일 때 접근가능한 주거용 부동산은 다음과 같은 내용을 숙지하면 권리분석이 가능하다. 법률규정을 악용하는 사례가 종종 발생하는데 이런 내용을 알고 적절히 대응하면 대박, 모르고 흘려보내면 빈손이다.

> **대항력**
> ① 대항력은 주택의 인도와 주민등록을 갖추면 다음날 오전 0시에 성립한다.
> ② 대항력은 임차주택의 양도 등 주택소유권의 변동이 생기더라도 존속기간과 보증금을 보호받는다. 대항력 있는 임차주택이 경락되더라도 보증금이 모두 변제되지 아니하면, 임차권은 소멸하지 아니한다.
> ③ 선순위임차인이 배당받지 못한 보증금은 매수인이 인수한다.

④ 임대차계약의 주된 목적이 기존 채권의 회수에 있는 경우에는 대항력이 인정되지 않는다.

⑤ 토지와 건물의 근저당권 설정일 경우, 대항력은 건물이 기준이 된다.

⑥ 임차주택의 양수인은 임대인의 지위를 승계한 것으로 본다.

⑦ 임차주택이 경매되는 경우 소멸된 선순위저당권보다 뒤에 대항력을 갖춘 임차권은 함께 소멸한다.

우선변제권

① 우선변제권(최우선변제권)은 대항력과 확정일자를 갖춰야 성립한다. 대항력이 발생되기 전에 확정일자를 받았다면, 대항력이 생기는 시점에 우선변제권도 발생한다.

② 우선변제권은 존속기간의 이익을 포기하는 대신 보증금의 반환을 요구할 수 있는 권리이다.

③ 우선변제권은 경매로 인해 임대차 관계가 소멸될 경우 후순위권리자 기타 채권자보다 임차보증금을 우선변제 받을 수 있다. 다만, 배당요구 종기일까지 배당요구를 해야 배당을 받을 수 있다.

④ 보증금의 증액 발생 시 증액 부분의 확정일자가 있어야 증액 부분에 대한 우선변제가 가능하다.

⑤ 임차인의 우선변제권은 매각으로 인해 소멸되어 제2차 경매절차에서 우선변제권에 의한 배당을 받을 수 없다.

⑥ 우선변제권을 행사하기 위해서는 배당요구 종기일까지 대항력 요건을 유지해야 한다.

⑦ 우선변제권은 임차주택이 경매 또는 공매로 매각될 경우에만 인정되며, 매매·증여 등으로 인해 양도된 경우에는 인정되지 않는다.

최우선변제권

① 소액임차인이 경매절차에서 최우선변제를 받으려면 대항요건만 갖추면 된다. 배당요구 종기일까지 배당요구를 해야 한다.

② 보증금액이 소액임차인 기준에 부합해야 한다.

③ 경매개시 결정 기입등기 전까지 대항력 요건을 갖추어야 한다.

④ 소액임차인에 해당되느냐 여부의 기준시점은 최선순위 담보물권 설정일이다.

⑤ 대지에 관한 저당권 설정 당시에 이미 그 지상건물이 존재할 경우, 건물의 소액임차인은 그 저당권 실행에 따른 대지의 환가대금에서 소액보증금을 우선변제 받을 수 있다.

— 대항력에서 주의할 점 —

1) 무상거주확인서, 불거주확인서의 경우

대항력 있는 선순위임차인은 존속기간 동안 거주할 수 있다. 경매절차에서 임차인이 배당요구를 하든 안 하든 보증금을 전부 돌려받을 수 있다. 따라서 대항력 있는 선순위임차인이 존재하는 물건이 경매에 나오면 대부분 유찰을 거듭한다. 임차인이 있는데도 대출금이 과다할 때는 대부분 소유자와 임차인이 가족, 친지 등 특수관계인 경우다. 금융기관이 대출할 때 소유자 외 제3자가 거주할 경우 대출을 하지 않거나 선순위임차인의 임차보증금만큼 공제하고 대출을 한다. 소유자가 정상적인 대출을 원할 때는 점유자에 대하여 무상거주확인서 또는 불거주확인서를 받은 후 대출하는 경우가 있다. 그런데 투자자가 이런 사실을 모르기 때문에 유찰을 거듭하는 것이다. 이런 사실을 알고 저가에 응찰하면 대박인 것이 임차인이 무상거주확인서 작성을 부정하고 진정한 임차인이라고 주장하더라도 법적 보호를 받지 못하기 때문이다. 이와 관련한 대법원 판결은 다음과 같다.

"임차인이 임대차 사실을 부인하고 임차보증금에 대한 권리주장을 하지 않겠다는 내용의 확인서를 작성해준 경우, 그 후 그 건물에 대한 경매절차에서 이를 번복하여 대항력 있는 임대차의 존재를 주장함과 아울러 근저당권자보다 우선적 지위를 가지는 확정일자부 임차인임을 주장하여 그 임차보증금반환채권에 대한 배당요구를 하는 것은 특별한 사정이 없는 한 금반언 및 신의칙에 위반되어 허용될 수 없다." (대판 1997.6.27.다12211)

key point 선순위임차인 조사요령
① 주민자치센터 주민등록 전입세대열람을 통해 소유자 외 제3자의 전입 여부를 확인한 후 담당자에게 소유자와 점유자의 관계를 알아본다.
② 대출 금융기관(경매신청자)을 방문하여 근저당권 설정 당시 임대차 현황(무상거주확인서 또는 불거주확인서 수령 여부 등)을 알아본다.
③ 관리사무실이나 이웃주민을 통해 점유자의 실거주 여부를 알아본다.

2) 채권회수가 목적인 경우

임차인이 대항력 요건을 갖추었더라도 임대차의 주된 목적이 채권회수인 경우에는 대항력이 인정되지 않는다. 이와 관련된 법원 판결이 있다. 서울 남부지법은(2008.3.26.) 실제 임대차관계가 없음에도 최우선변제 자격이 있는 것처럼 아들과 짜고 방 1칸에 2000만 원씩 허위 임대차계약을 작성하여 배당을 받아간 사건에서 '채권자에게 손해를 입히고 법원을 기망하고 경매의 공정성을 해치는 범죄행위로 보아' 징역 6개월의 실형을 선고했다.

이런 사례는 중소건설업자가 건설하는 다세대주택에서 종종 발생한다. 공사비를 받지 못한 공사업자와 소유자가 짜고 공사업자가 임차인인 것처럼 근저당권 설정 이전으로 임대차계약서를 작성해 놓는다. 이런 경우 가장임차인 유무를 판단하기 쉽지 않지만, 가장임차인은 열에 아홉은 중개업자 없이 임대차계약을 체결하고, 보증금이 시세보다 터무니없이 비싼 경우가 많다. 이런 경우는 일단 가장임차인으로 의심하고 이웃주민을 통해 소유자와 임차인의 관계를 알아보거나 관리비고지서, 도시가스사용료 등이 누구 명의로 발급되었는지를 확인하자. 만일 가장임차인으로 확인되었다면 형사처벌 대상이다. 이때 가장임차인을 만나 형사처벌을 받을 수 있다고 알려주면 스스로 임차권을 포기하는 경우도 있다.

― 우선변제권에서 주의할 점 ―

1) 우선변제권 행사의 일회성

1차 경매에서 우선변제권을 행사하면 보증금 반환 여부를 떠나 우선변제권이 소멸하기 때문에 제2차 경매절차에서 우선변제권에 의한 배당을 받을 수 없다. 이와 관련한 대법원 판결은 다음과 같다.

"주택임대차보호법상의 대항력과 우선변제권 두 권리를 함께 가지고 있는 임차인이 우선변제권을 선택하여 1차 경매절차에서 보증금 전액에 대하여 배당을 요구했으나 보증금 전액을 배당받을 수 없었던 때에는 경락인에게 대항하여 이를 반환받을 때까지 임대차관계의 존속을 주장할 수 있을 뿐이고, 임차인의 우선변제권은 경락으로 인하여 소멸하는 것이므로 2차 경매절차에서 우선변제권에 의한 배당을 받을 수 없다."(대판 2006.2.19. 2005다21166)

04

입찰부터 매각대금 납부까지
한눈에 훑는 경매절차

1) 입찰표 작성 시 주의할 점

입찰표 작성 시 주의할 점은 '기일입찰표' 약식 하단 주의사항에 상세하게 기재되어 있으므로 그 내용을 반드시 읽어보고 작성해야 한다. 특별히 기억할 것은 물건마다 별도의 용지를 사용한다는 점, 하나의 사건번호에 둘 이상의 물건이 진행되는 경우에는 물건번호를 부여한다는 점, 입찰가격은 수정할 수 없으므로 수정이 필요하면 새 용지를 사용해야 한다는 점 등이니 반드시 기억하자. 매수보증금은 최저매각가격의 10분의 1을 수표 1장으로 준비하는 것이 좋다.

2) 입찰 준비물

기간입찰

1. 개인 참여

① 본인

    Ⓐ 신분증: 주민등록증, 운전면허증, 사원증 등

    Ⓑ 도장: 가능한 막도장이 좋다. 손도장(지장)도 허용한다. 사인은 허용되지 않는다.

    Ⓒ 매수보증금: 처음 매각은 최저매각가격의 10%, 재매각 물건은 20%다. 그러나 지방법원별로 10~30%로 다르기 때문에 입찰 전 반드시 확인해야 한다. 재매각 물건에 최고가매수인이 되고도 매수보증금 미달로 무효 처리되는 경우가 종종 있으니 주의하자.

② 대리인 참여

    Ⓐ 대리인의 신분증

    Ⓑ 대리인의 도장

    Ⓒ 위임인의 인감증명서와 인감도장

※ 대리로 참여 시 인감증명서만 챙기고 인감도장을 가져가지 않으면 설령 최고가를 써내더라도 집행관이 무효처리한다.

3) 입찰 시 유 · 무효 처리기준

번호	흠결사항	처리기준
1	사건번호를 적지 않은 경우	입찰봉투, 매수신청봉투, 위임장 등 첨부서류의 기개에 의하여 사건번호를 특정할 수 있으면 개찰에 포함시킨다.
2	물건번호를 적지 않은 경우	개찰에서 제외한다. 다만 물건의 지번, 건물의 호수 등을 적거나 입찰봉투에 기재가 있어 매수신청 목적물을 특정할 수 있으면 개찰에 포함시킨다.
3	입찰자 본인 또는 대리인의 이름을 적지 않은 경우	개찰에서 제외한다.
4	입찰자 본인 또는 대리인의 주소나 아름이 위임장 기재와 다른 경우	이름이 다른 경우에는 개찰에서 제외한다. 이름이 같고 주소만 다른 경우에는 개찰에 포함시킨다.
5	입찰자가 법인일 때 대표자의 이름을 적지 않은 경우(날인만 있는 경우도 포함)	개찰에서 제외한다. 다만 법인등기부등본으로 그 자리에서 자격을 확인할 수 있거나, 고무인 · 인장 등이 선명하며 용이하게 판독할 수 있는 경우에는 개찰에 포함시킨다.
6	본인 또는 대리인의 이름 다음에 날인이 없는 경우	본인 입찰로 개찰에 포함시킨다.
7	입찰가격을 정정한 경우	정정인 날인 여부를 불문하고 개찰에서 제외한다.
8	입찰가격의 기재가 불명확한 경우	개찰에서 제외한다.
9	보증금의 기재가 없거나 그 기재된 보증금액이 매수신청보증과 다른 경우 또는 보증금액을 정정하고 정정인이 없는 경우	매수신청보증봉투 또는 보증서에 의해 전해진 매수신청보증 이상의 보증제공이 확인된 경우에는 개찰에 포함시킨다.
10	위임장은 붙어있으나 위임장이 사문서로서 인감증명서가 붙어있지 않은 경우 또는 위임장과 인감증명서의 인명이 다른 경우	개찰에서 제외한다.

4) 매각허가결정에 대한 즉시항고

① 매각허가결정에 대한 불복방법으로 즉시항고만이 인정된다. 매각허가결정에 대하여 항고하는 자는 보증으로 매각대금의 1/10에 해당하는 금전을 공탁하나, 매각불허가결정에 대하여 항고하는 자는 보증을 제공하지 않는다.

② 이해관계인은 매각허가결정에 따라 손해를 볼 경우에 즉시항고할 수 있다. 즉시항고는 그 선고일부터 1주일 이내에 제기해야 한다. 항고장은 원심법원에 제출해야 한다.

5) 매각대금 납부

① 매각허가결정이 확정되면 법원은 매각대금의 지급기간을 정하여 매수인에게 매각대금의 납부를 명한다.

② 매수인은 매각대금을 다 낸 때에 목적인 권리를 취득한다(민사집행법 제135조). 즉, 매수인은 매각대금을 완납한 때에 등기 여부와 관계없이 매각의 목적인 권리를 확정적으로 취득한다.

③ 매수인이 지정된 지급기일까지 매각대금을 모두 납부하지 않으면 법원은 차순위매수신고인이 있는 때에는 그에 대하여 매각허부를 결정하고, 차순위매수신고인이 없는 때에는 재매각을 명한다.

05

종잣돈 3000만 원은 모으고
경매에 나서야 하는 이유

── 종잣돈보다 용기와 투자마인드가 중요하다 ──

요즘 "선생님 경매투자를 하고 싶은데 가진 돈이 부족해서 엄두를 못 내요"라고 말하는 사람이 많다. 여윳돈이 얼마나 있냐고 물으면 "1억 원은 있어야 경매를 할 수 있지 않을까요?" 하고 되묻는다. 물론 1억 원의 여윳돈이 있으면 좋다. 그러나 부동산투자는 종잣돈보다 용기와 투자마인드가 더 중요하다. 경매는 1000만 원으로도 가능하고, 500만 원만 있어도 할 수는 있다. 물론 종잣돈이 적으면 응찰할 수 있는 물건이 제한되고, 이윤도 당연히 적다. 그러나 여윳돈이 없거나 부족하다고 해서 투자하지 않으면 아무것도 얻을 수 없다. 최근 출간된 몇몇 책을 보면 '종잣돈 1000만 원으로 경매해서 많은 돈을 벌었다'고 소개한다. 레버리지를 이용해 투자해도 종잣돈 1000만 원으로는 수도권에서 응찰할 수 있는 물건이 없어서 지방 소도시의 꼬마 아파트(40~60㎡) 같은 물건을 찾아내기 위해 밤낮없이 경매사이트에서 물건을 검색하고, 주말이면 버스나 기차를 타고 전국의 임장을 다녔다고 한다. 대단한 열정이다.

— 3000만 원을 마련한 후에 경매에 나서라 —

필자는 3000만 원 정도의 종잣돈을 마련한 후에 투자에 나서야 하고, 그 후에도 꾸준히 저축해서 비상금을 마련해야 한다고 생각한다. 예를 들어 1000만 원이 있으면 2000만 원을 저축해 3000만 원을 만든 후에 투자하라는 것이다. 그러면 투자가 훨씬 수월하다. 2000만 원을 모으기까지 1년 이상 걸리더라도 그냥 흘려보내는 것이 아니라, 실전투자를 위한 사전준비를 할 수 있으니 오히려 더 효과적이다. 경매사이트 검색을 통해 물건을 찾아내는 요령을 익히고 지역별 부동산가격 등을 파악할 수 있을 것이다. 그러면서 꾸준히 모의투자를 하면 자신이 투자할 수 있는 지역과 물건이 눈에 들어오는 날이 온다.

경매로 부동산을 매수하는 경우 낙찰가의 70~80%까지 금융기관 대출이 가능하다. 따라서 수도권은 3000만 원, 지방은 2000만 원만 있으면 경매에 참여할 수 있다. 즉 자기자본이 3000만 원이면 레버리지를 이용해 1억 원, 2000만 원이면 7000만 원까지 응찰이 가능하다. 따라서 자기자본 3000만 원이면 수도권 핵심지역을 제외한, 즉 과천, 성남(분당), 판교, 하남, 고양, 광명, 구리, 남양주, 용인, 안양, 동탄신도시 등을 제외한 수도권 지역에서 경매투자(응찰)가 가능하다. 자기자본이 2000만 원이면 수도권 투자는 어렵지만 지방 대도시에서 경매투자가 가능하다. 투자대상은 아파트나 다세대 같은 소형주택이 적합하다.

06

종잣돈 3000만 원으로 부자 되는 경매투자 10년 로드맵

투자 1차 연도 – 처음에는 차익 목적 매매에 집중

평생 돈 걱정 없이 살 수 있는 방법이 없을까? 허리띠를 졸라매고 자기자본(종잣돈) 3000만원을 저축해서 부동산투자에 나서라. 그리고 10년 동안 필자가 제시하는 다음과 같은 방법으로 투자하면 평생 돈 걱정 없이 살 수 있다. 자기자본이 적으면 투자에 여러 가지 제약이 따른다. 그래서 초기 단계엔 무엇보다 종잣돈을 키우는 투자를 해야 한다. 그럼 어떻게 하면 종잣돈을 신속하게 키울 수 있을까? 꽤 많은 책에서 자기자본을 신속하게 키우려면 인도(명도)가 수월한 물건을 골라 응찰하고 낙찰되면 즉시 매각해 차익을 남기라고 조언한다. 예를 들면 '배당받는 임차인이 있는 주택'

같은 경우다. 배당요구를 한 임차인이 배당금을 받으려면 낙찰자의 명도확인서와 인감증명서를 법원에 제출해야 하므로 점유자가 인도에 협조적이다. 이런 경우는 대금납부 후 즉시 부동산에 매물로 내놓아 미리 원매자를 물색할 수 있다. 경매는 대금납부와 동시에 등기 여부와 관계없이 소유권을 취득하기 때문에 인도 후 곧바로 매각해 차익을 남길 수 있다.

― 1년에 2회 이상 낙찰·매각은 쉽지 않다 ―

그러나 이처럼 인도 기간을 줄여서 응찰 횟수를 늘린다 하더라도 1년에 2회 이상 낙찰·매각은 쉽지 않다. 설사 1년에 2회 이상 낙찰되었다 하더라도 매각을 서두르면 제값을 받기 어렵다. 매각 후 곧바로 응찰하더라도 매번 낙찰된다는 보장도 없다. 따라서 1년에 2회 이상 낙찰·매각은 어렵다고 보고 투자에 임해야 한다. 게다가 부동산 매수(낙찰) 후 1년 이내에 매각하면 양도소득세 부담이 많아서 오히려 수익률이 떨어진다. 부동산은 보유기간이 1년 미만이면 차익의 40%를 양도소득세로 내야 한다. 예컨대 주택을 1억 500만 원에 낙찰받아 2개월 후 1억 2000만 원에 매각해 1500만 원의 차익을 남겼다면 430만 원을 양도소득세로 내야 한다.

양도가액	1억 2000만 원
취득가액	1억 500만 원
필요경비(취등록세, 수수료)	175만 원
양도차익	1325만 원
기본공제	250만 원
과세표준	1075만 원
양도소득세(40%)	430만 원

양도차익 1500만 원-필요경비(취득세, 수수료) 175만 원-수리비(도배 등) 160만 원-은행이자(수수료 포함) 130만 원-양도소득세 430만 원(40%)=순이익 605만 원

[최신 양도소득세 기본세율(주택)]

구분	과표	세율	누진공제
1년 미만 보유	주택·조합원입주권 40%, 토지 50%		
1년 이상 보유 (누진세율)	1200만 원 이하	6%	
	4600만 원 이하	15%	108만 원
	8800만 원 이하	24%	522만 원
	1억 5000만 원 이하	35%	1490만 원
	3억 원 이하	38%	1940만 원
	5억 원 이하	40%	2540만 원
	5억 원 초과	42%	3540만 원
미등기 자산	70%		

계산 결과 순이익은 605만 원에 불과하다. 그러나 1년 이상 보유 후 매각하면 양도소득세는 65만 원(6%)만 내면 돼서 수익률이 대폭 증가한다.

※ 조정지역 내에서 다주택자 중과세
- 2주택자: 기본세율 + 10% 중과
- 3주택자: 기본세율 + 20% 중과

key point 필요경비 인정범위
도배, 장판, 싱크대, 원목문, 방수공사 등은 수선비로 보아 필요경비로 인정하지 않는다. 섀시 공사, 베란다 확장공사, 보일러 교체 등은 필요경비로 인정한다. 필요경비를 인정받기 위해선 세금계산서, 영수증, 은행 거래내역 등의 증거자료를 확보해야 한다.

따라서 주택 매입 후 1년 이상 보유하고 매각해야 수익률을 높일 수 있다. 다만 1년 보유 후 매각할 경우 1년에 1회 이상 응찰할 수 없다는 문제가 발생한다. 하지만 해결방법이 있다. 흔히 말하는 '무피투자'를 하면 된다. 즉 주택 매입 후 전세를 주어 자기자본을 회수해 다시 투자하는 것이다. 그리고 경매는 낙찰가의 70~80%까지 금융기관 대출이 가능하다는 레버리지를 적극적으로 활용하면 수익률을 극대화할 수 있다. 이런 방법으로 투자할 경우 1년에 1.5~2회 낙찰·매각이 가능하다.

2018년 6월 19일, 감정가 1억 3600만 원의 안산시 단원구 선
부동 24평형 다세대빌라가 유찰돼 최저가가 9520만 원이었다. 필
자는 시세를 1억 3500만 원, 전세를 1억 원으로 보고 1억 500만
원으로 가상 투찰을 했는데 실제는 9888만 원에 낙찰되었다. 만
약 1억 500만 원에 낙찰되었다면 자기자본 3000만 원과 대출금
8000만 원을 합쳐 집값, 취득세를 지불한다. 인수 후 도배 등 수리
를 하고 1억 원에 전세를 주면 대출금을 상환하고(이자는 매달 지
급) 자기자본 2000만 원(1억 원-8000만 원)이 회수된다. 여기에 저
축한 돈 1000만 원을 보태서 2회에도 1회와 같은 규모의 주택을
같은 가격으로 응찰하고 낙찰 인수 후 도배 등 수리를 하고 전세
를 놓으면 다시 2000만 원이 회수되는데 다음 연도로 이월한다.

─ 경매에 나오는 주택유형 4가지 ─

이런 투자를 하려면 많은 노력이 필요하다. 저가에 낙찰받을 수
있어야 하고 인수가 수월한 물건을 선택할 수 있어야 한다. 경매에
나오는 주택은 크게 4가지 형태다.

① 주인이 거주하는 경우
② 선순위 임차인이 배당신청을 한 경우
③ 후순위 임차인(월세)이 배당신청을 한 경우
④ 대항력 있는 선순위 임차인이 배당신청을 하지 않은 경우

①과 ②의 경우는 인수가 비교적 수월하므로 저가에 낙찰할 수 있는 방법만 모색하면 된다. 그러나 ③이라면 임차인이 배당을 받을 수 있는지를 따져서 대응해야 한다. 임차인이 배당을 받지 못하면 인도가 어렵다. 낙찰 후 인도를 위해 방문하면 십중팔구는 이사 갈 돈이 없다고 버틴다. 소송을 해서 인도받을 수도 있지만, 기간이 오래 걸리기 때문에 돈을 주고 인도받는 경우가 허다하다.

④는 매우 흥미롭다. 매수인(낙찰)이 임대 보증금 전액을 부담하기 때문에 유찰이 계속된다. 광주시 오포읍의 감정가 1억 7000만 원의 다세대빌라는 배당요구를 하지 않은 대항력 있는 선순위 임차인 때문에 유찰이 계속돼 최저가가 2000만 원까지 하락했는데 2018년 5월 28일 2220만 원에 낙찰됐다. 이런 경우 낙찰 후 임차인과 임대계약을 체결하면 대출 없이 자기자본만으로 매수할 수 있다. 다만, 경매신청인이 배당을 받지 못하면 경매 자체가 취소될 수 있으므로 경매신청인이 배당받을 수 있는지를 살펴야 한다. (민사집행법 제102조 남을 가망이 없을 경우의 경매취소)

― 경매는 위험도 있지만 기회도 있다 ―

이처럼 경매는 위험도 있지만 기회도 있다. 따라서 물건을 검색할 때 이런 점들을 알아야 한다. 현장조사(임장)도 중요하다. 주택은 지역, 환경, 건축연도 등에 따라 가격이 천차만별이어서 '임장'에 가서 실물의 상태, 지역 및 환경, 임대수요, 임대가격 등을 자세히 살펴야 한다. 특히 다세대빌라는 건축연도에 따른 가격차가 매우 심하다. 2000년대 초부터 정부가 다세대 주차장 설치 기준을 강화해서 2000년대 이후에 건축한 다세대는 주차시설이 좋고, 대부분 풀옵션을 갖추고 있다. 그래서 임대수요가 몰린다. 그러나 자기자본을 키우기 위한 매매 위주 투자는 가격이 비싼 새 주택보다 가격이 저렴한 조금 오래된 주택을 매수(응찰)하는 것이 유리하다. 다만 임대수요는 반드시 확인해야 한다. 임대수요가 꾸준해야 집값이 상승하거나 유지될 수 있다. 이런 점들을 종합적으로 비교 검토해서 가격이 저렴하고 인수(명도)가 수월한 물건을 선택해야 한다.

투자 2차 연도

전년도 순이익 2차 연도에는 1차 연도에 낙찰받아 임대한 주택을 부동산에 미리 내놓아 1년이 경과되면 매각해 달라고 의뢰해야 한다. 이때 중요한 요령은 수수료를 깎지 말고 집값을 잘 받아달라고 부탁해야 제값을 받고 빨리 팔 수 있다. 1차 연도에 1억 500만 원에 낙찰받은 다세대빌라를 1억 3000만 원에 매각하면 2500만 원의 차익이 발생하는데, 세금과 제 비용을 공제하면 순이익은 1708만 원이다. 1차 연도에 똑같은 주택 2채를 낙찰·매각했으므로 1차 연도 순이익은 3416만 원이다.

양도가액	1억 3000만 원
취득가액	1억 500만 원
필요경비(취등록세, 수수료)	180만 원
양도차익	2320만 원
기본공제	250만 원
과세표준	2070만 원
세율 적용(15%)	310만 원
누진공제	108만 원
양도소득세	202만 원

양도차익 2500만 원-취등록세, 수수료 180만 원-수리비(도배 등) 200만 원-이자 210만 원(수수료 포함)-양도소득세 202만 원=1708만 원(순이익)

전반기 투자 2차 연도 현금흐름은 전년도 이월금 2000만 원과 1차 연도 전반기에 1억 500만 원에 매수(낙찰)한 다세대주택을 1억 3000만 원에 매각하고 전세금 1억 원을 상환하고 양도소득세와 수수료 267만 원을 공제한 2733만 원을 합친 4733만 원이다. 이것이 2차 연도 전반기(1회) 자기자본이다. 자기자본이 4733만 원이면 레버리지를 이용해 1억 5500만 원까지 응찰이 가능하다.

2018년 7월 11일 감정가 1억 9700만 원의 시흥시 정왕동 60

㎡(22평형) 아파트가 유찰돼 최저가가 1억 3790만 원이었다. 시세는 1억 9500만 원, 전세가는 1억 5000~7000만 원으로 파악되었다. 게다가 5층 아파트로 용적률이 낮아서 재건축을 할 경우 높은 개발이익이 기대되었다. 가까운 지인에게 감정가의 83%인 1억 6350만 원에 응찰하라고 권했는데 지인은 아파트가 1층이고 너무 낡았다며 1000만 원 낮은 금액으로 응찰했고, 실제로는 1억 5720만 원에 낙찰되었다.

후반기 투자 만일 필자의 권유대로 1억 6350만 원에 낙찰받을 수 있었다면 자기자본 4733만 원과 대출금 1억 2200만 원을 합쳐 집값, 취득세, 수리비를 지불하고 집수리 후 1억 5000만 원에 전세를 주면 대출금을 상환(이자는 매월 지급)하고 2800만 원이 남는다. 여기에 1차 연도 후반기에 1억 500만 원에 매수(낙찰)한 다세대주택을 1억 3000만 원에 매각한 후 전세금 1억 원을 상환하고 양도소득세와 수수료 267만 원을 공제한 2733만 원을 합친 5533만 원이 2차 연도 후반기(2회) 자기자본이 된다. 자기자본이 5533만 원이면 레버리지를 이용해 1억 8000만 원까지 응찰이 가능하다.

2018년 6월 7일 감정가 2억 1800만 원의 시흥시 거모동의 주상복합아파트(85㎡)가 유찰돼 최저가가 1억 5260만 원이었는데 필자는 시세 2억 2000만 원, 전세 1억 6000만 원으로 파악하고 1억 7300만 원으로 가상 투찰을 했었고, 실제로는 1억 7500만 원(80.3%)에 낙찰되었다. 만일 위와 같은 아파트를 1억 7500만 원에 매수(낙찰)했다면 자기자본 5533만 원과 대출금 1억 2600만 원을 합쳐 집값, 취득세, 수리비를 지불하고 1억 6000만 원에 전세를 주면 대출금을 상환(이자는 매월지급)한 후 3200만 원이 남는데 일단 보관하고 3차 연도로 넘어간다.

투자 3차 연도

전년도 순이익 3차 연도에도 미리 부동산에 내놓아 1년 경과 후 주택을 매각해야 한다. 2차 연도 1회에 1억 6350만 원에 낙찰받은 아파트를 1억 9500만 원에 매각했을 경우 3150만 원의 차익이 발생하는데 세금과 제 비용을 공제하면 순이익은 2018만 원이다. 후반기(2회)에 1억 7500만 원에 매수(낙찰)한 주상복합아파트를 2억 1500만 원에 매각하면 4000만 원의 차익이 발생하는데 세금과 제 비용을 공제하면 순이익은 2667만 원이므로, 2차 연도 총 순이익은 4685만 원이다.

양도가액	1억 9500만 원
취득가액	1억 6350만 원
필요경비(취등록세, 수수료)	277만 원
양도차익	2873만 원
기본공제	250만 원

과세표준	2623만 원
세율 적용(15%)	393만 원
누진공제	108만 원
양도소득세	285만 원

양도차익 3150만 원-취등록세, 수수료 277만 원-수리비(도배 등) 250만 원-이자 320만 원(수수료 포함)-양도소득세 285만 원=2018만 원(순이익)

양도가액	2억 1500만 원
취득가액	1억 7500만 원
필요경비(취등록세, 수수료)	300만 원
양도차익	3700만 원
기본공제(1년에 1회만 허용)	0원
과세표준	3700만 원
세율 적용(15%)	555만 원
누진공제	108만 원
양도소득세	447만 원

양도차익 4000만 원-취등록세, 수수료 300만 원-수리비(도배 등) 250만 원-이자 336만 원(수수료 포함)-양도소득세 447

만 원=2667만 원(순이익)

전반기 투자 3차 연도 현금흐름은 전년도 이월금 3200만 원과 2차 연도 전반기(1회)에 1억 6350만 원에 매수한 아파트를 1억 9500만 원에 매각한 후 전세금 1억 5000만 원을 상환하고 양도소득세와 수수료 383만 원을 공제한 2767만 원을 합한 5967만 원이다. 이것이 3차 연도 전반기(1회) 자기자본인데, 이 금액으로 주택 1채를 매수(응찰)하는 것보다 둘로 나눠 주택 2채를 매수(응찰)하면 수익률이 더 높다.

자기자본이 2984만 원이면 레버리지를 이용해 1억 500만 원까지 응찰이 가능하므로, 감정가 1억 3500만 원 정도의 다세대빌라 2채를 각각 1억 500만 원에 매수(낙찰)하고 각각 자기자본 2984만 원과 대출금 8000만 원을 합쳐 집값, 취득세를 지불하고 인수 후 도배 등 수리를 하고 각각 1억 원에 전세를 주면 대출금을 상환하고(이자는 매달 지급) 4000만 원(2000만 원×2채)이 남는다.

후반기 투자 이 금액에 2차 연도 후반기(2회)에 매수(낙찰)한 주상복합아파트를 2억 1500만 원에 매각한 후 전세금 1억 6000만 원을 상환하고 양도소득세와 수수료 518만 원을 공제한 4982만 원을 합친 8982만 원이 3차 연도 후반기(2회) 자기자본이다. 자기자본을 둘로 나누면 주택 1채당 자기자본이 4491만 원이고 레버리지를 이용하면 1억 4500만 원까지 응찰이 가능하다.

2018년 5월 17일 감정가 1억 8500만 원의 용인시 기흥구 상갈동의 다세대(50㎡)가 유찰돼 최저가가 1억 2950만 원이었다. 필자는 시세 1억 8500만 원, 전세 1억 3000만 원으로 파악하고 1억 4350만 원으로 가상 투찰했는데 실제로는 1억 4110만 원에 낙찰되었다. 만일 위 같은 다세대빌라를 1억 4350만 원에 응찰해 낙찰되었다면 각각 자기자본 4491만 원과 대출금 1억 500만 원 원을 합쳐 집값, 취득세, 수리비를 지불하고 집수리 후 각각 1억 3000만 원에 전세를 주면 대출금을 상환(이자는 매월 지급)하고 5000만 원(2500만 원×2채)이 회수되는데 4차 연도로 이월한다.

투자 4차 연도

전년도 순이익 4차 연도에도 미리 부동산에 내놓아 1년 경과 후 주택을 매각해야 한다. 3차 연도 전반기(1회)에 1억 500만 원에 낙찰받은 다세대빌라 2채를 각각 1억 3000만 원에 매각하고, 후반기(2회)에 1억 4350만 원에 매수(낙찰)한 주택 2채를 각각 1억 8000만 원에 매각하면 1억 2300만 원의 차익이 발생하는데 세금과 제 비용을 공제한 3차 연도 순이익은 6845만 원이다.

양도가액   6억 2000만 원=(1억 3000만 원×2채)+(1억 8000만 원×2채)

취득가액	4억 9700만 원=(1억 500만 원×2채)+(1억 4350만 원×2채)
필요경비(취등록세, 수수료)	857만 원
양도차익	1억 2300만 원
기본공제	250만 원
과세표준	1억 2050만 원
세율적용(35%)	4217만 원
누진공제	1490만 원
양도소득세	2727만 원

양도차익 1억 2300만 원-취등록세, 수수료 857만 원-수리비(도배 등) 900만 원-이자 971만 원(조기상환 수수료 포함)-양도소득세 2727만 원=6845원(순이익)

전반기 투자 4차 연도 현금흐름은 전년도 이월금 5000만 원과 3차 연도 전반기(1회)에 각각 1억 500만 원에 매수한 다세대빌라 2채를 각각 1억 3000만 원에 매각한 후 각각 전세금 1억 원을 상환하고 양도소득세와 수수료 1239만 원을 공제한 3761만 원을 합한 8761만 원이 4차 연도 전반기(1회) 자기자본이다. 이 금액을 둘로 나누면 1채당 자기자본이 4380만 원이고, 레버리지를 이용하면 1억 4500만 원까지 응찰이 가능하다.

2018년 5월 28일 감정가 2억 원의 광주시 목현동 다세대빌라 (77㎡)가 2회 유찰돼 최저가가 9800만 원이었는데, 필자는 시세 1억 8500만 원, 전세 1억 3500만 원으로 파악하고 1억 4000만 원 (70%)에 가상투찰을 했는데 실제로는 1억 2733만 원(63.7%)에 낙찰되었다. 만일 위 다세대빌라 2채를 각각 1억 4000만 원에 응찰해 낙찰되었다면 각각 자기자본 4380만 원과 대출금 1억 200만 원을 합쳐 집값, 취득세, 수리비를 지불한다. 집수리 후 각각 1억 3500만 원에 전세를 주면 대출금을 상환(이자는 매월 지급)하고 6600만 원(3300만 원×2채)이 회수된다.

후반기 투자 여기에 3차 연도 후반기(2회)에 1억 4350만 원에 매수(낙찰)한 주택 2채를 각각 1억 8000만 원에 매각한 후 각각 전세금 1억 3000만 원을 상환하고 양도소득세와 수수료 1788만 원을 공제한 8212만 원을 합하면 4차 연도 후반기(2회) 자기자본은 1억 4812만 원이다. 이 금액을 넷으로 나누면 1채당 자기자본은 3703만 원인데, 레버리지를 이용하면 1억 2500만 원까지 응찰이 가능하다.

2018년 6월 21일 감정가 1억 6500만 원의 용인시 기흥구 언남동의 다세대(77㎡)가 2회 유찰돼 최저가가 8085만 원이었다. 필자는 시세 1억 6500만 원, 전세 1억 2500만 원으로 파악하고 1억 3250만 원(80%)에 가상투찰을 했는데 실제로는 1억 2666만 원(76.8%)에 낙찰되었다. 만일 위와 같은 다세대빌라 4채를 각각 1

억 3250만 원에 응찰해 낙찰되었다면 각각 자기자본 3703만 원
과 대출금 1억 원을 합쳐 집값, 취득세, 수리비를 지불한다. 집수리
후 각각 1억 2500만 원에 전세를 주면 대출금을 상환(이자는 매월
지급)하고 1억 원(2500만 원×4채)이 회수되는데 5차 연도로 이월
한다.

투자 5차 연도 – 지금부터는 임대 목적 투자 병행

전년도 순이익 5차 연도에도 미리 부동산에 내놓아 1년 경과 후
주택을 매각해야 한다. 4차 연도 전반기(1회)에 1억 4000만 원에
낙찰받은 다세대빌라 2채를 각각 1억 8500만 원에 매각하고, 후
반기(2회)에 1억 3250만 원에 매수(낙찰)한 주택 4채를 각각 1억
6500만 원에 매각하면 2억 2000만 원의 차익이 발생하는데 세금
과 제 비용을 공제한 4차 연도 순이익은 1억 1458만 원이다.

양도가액	10억 3000만 원=(1억 8500만 원×2채)+(1억 6500만 원×4채)
취득가액	8억 1000만 원=(1억 4000만 원×2채)+(1억 3250만 원×4채)
필요경비(취등록세, 수수료)	1331만 원
양도차익	2억 2000만 원

기본공제	250만 원
과세표준	2억 1750만 원
세율적용(38%)	8265만 원
누진공제	1940만 원
양도소득세	6326만 원

양도차익 2억 2000만 원-취등록세, 수수료 1331만 원-수리비(도배 등) 1300만 원-이자 1585만 원(조기상환 수수료 포함)-양도소득세 6326만 원=1억 1458만 원(순이익)

─ 차익 목적/임대 목적 투자를 병행하라 ─

이번 파트에서는 '여윳돈이 없어도 경제적으로 여유로워질 수 있다'는 것을 알려주기 위한 것이 목적이다. 최종 목표는 수익형 부동산을 매수해 매달 월세를 받는 구조를 만드는 것이다. 그러나 자기자본이 원체 적어서 지금까지는 매매 위주의 투자를 할 수밖에 없었다. 그러나 5차 연도부터는 임대 목적 투자도 병행해야 한다. 좀 더 자기자본이 증식된 후 임대(월세) 목적 부동산을 구입하는 것이 효과적이지만, 양도소득세가 걸림돌이다. 주택을 1년에 2채 이상 양도할 때는 과세표준을 합산해서 계산하기 때문에 양도소득세 부담이 급증한다. 즉 과세표준 1200만 원 이하는 6%, 4600만 원 이하 15%, 8800만 원 이하 24%, 1억 5000만 원 이하

35%, 3억 원 이하 38%, 5억 원 이하 40%, 5억 원 초과 42%다. 다만 조정지역의 2주택자는 기존세율+10%, 3주택자는 기본세율 +20%를 중과한다. 따라서 4차 연도까지는 과세표준 합산액이 그리 많지 않아서 세율이 그다지 높지 않았지만 과세표준 합산액이 증가하면 35~42%의 높은 세율이 적용된다.

─ 다주택 양도는 합산과세로 양도소득세 부담이 증가한다 ─

그러므로 5차 연도부터는 자기자본(종잣돈)을 둘로 나눠 차익 목적 투자와 임대 목적 투자를 병행하는 것이 효과적이다. 임대 목적 투자는 차익 목적의 매매 위주 투자와는 많은 차이가 있다. 매매 위주 투자는 가격 안정성(하방경직성)이 무엇보다 중요하기 때문에 수도권을 투자대상지역으로 삼았고, 대상물건도 소형주택(아파트/다세대)으로 국한했으며, 차익을 내기 유리한 경매투자를 했다. 하지만 임대 목적 투자는 대상지역이 수도권이 아니어도 무방하고 대상물건도 소형아파트, 오피스텔, 다세대, 다가구, 도생 등으로 다양하며, 경매가 아닌 매매시장도 무방하다. 수익형 부동산은 '원룸'으로 통칭되는 오피스텔, 다가구·다세대, 도생 등으로 다양하지만, 다가구는 세대 구분이 안 되는 하나의 건물이어서 소액으로 매수가 불가능하고, 도생은 주차시설 부족, 짧은 동간(이격) 거리, 화재의 취약점(대부분이 외벽을 화재에 취약한 드라이비트 공법으로 건설하는 점) 등 단점이 너무 많아서 투자에 적합하지 않다. 따라서

소형아파트, 오피스텔, 다세대주택 중에서 투자해야 하는데 소형
아파트는 가격도 비싸고 매물도 많지 않으니 오피스텔과 다세대
주택이 가장 적합하다.

─ 값이 비싼 부동산은 수익률이 떨어진다 ─

투자 입장에서 보면 수익률이 높은 물건이 좋은 투자대상이고,
수익률이 높으려면 공실률이 낮아야 한다. 그런데 공실률이 낮다
고 해서 반드시 수익률이 높은 것은 아니다. 부동산 114에 따르면
공실률이 가장 낮은 지역은 서초구(2%)와 강남구(2.2%)인데 이들
지역의 수익률은 평균 이하다. 이 지역들은 부동산가격이 너무 비
싸서 적정 수익률을 맞추기가 매우 어렵다. 임대 수익률에서 매입

[지역별 오피스텔 임대 수익률과 매매가격(2018년 11월 기준)]

지역	연 수익률(%)	1실당 중위 매매가격
수도권	5.22	1억 7300만 원
서울	4.87	2억 450만 원
인천	6.5	1억 100만 원
경기	5.34	1억 5000만 원
지방 평균	6.49	9300만 원
부산	6.26	9840만 원
대구	6.53	8640만 원
광주	8.58	5100만 원
대전	7.16	8300만 원
울산	6.31	1억 900만 원

가격이 가장 크게 영향을 미치기 때문이다. 한국감정원의 조사자료를 보면 매매가와 수익률의 상관관계가 잘 나타나 있다.

수익률이 가장 높은(8.58%) 광주지역 오피스텔 중위 평균 매매가격은 5100만 원인데, 수익률이 가장 낮은(4.87%) 서울의 오피스텔 중위 평균 매매가격은 2억 450만 원이나 된다. 그러나 무조건 가격이 저렴한 부동산을 구입해선 안 된다. 너무 낡은 건물은 매매가격이 하락해서 오히려 손해를 볼 수 있기 때문이다.

— 세입자의 심리적인 저항선은 월세 60~70만 원이다 —

또 한 가지 유의할 점은 수요층이 두꺼운 물건, 즉 세입자가 가장 많이 선호하는 물건을 찾아야 한다는 것이다. 부동산전문가들은 세입자의 심리적인 저항선을 월세 60~70만 원으로 본다. 가계의 총 소비지출에서 전월세 비용이나 주택 관련 대출금 상환, 세금, 보험 등 주거비가 차지하는 비율을 '슈바베 지수'라고 하는데, 슈바베 지수가 30%를 넘으면 심리적으로 저항을 느끼게 된다. 즉 도시 근로자 평균 월급이 200~250만 원으로 조사되지만, 200만 원을 못 버는 가계도 많다. 200만 원의 30%는 60만 원, 월 주거비가 60~70만 원이 넘으면 가계가 부담을 느끼기 때문에 월세 60~70만 원 정도의 물건에 수요가 몰린다.

그럼 월세 60~70만 원을 받을 수 있는 건물을 얼마에 사야 수지가 맞을까? 한국감정원 조사에 의하면 오피스텔 중위권 전국 평균 매입가격은 1억 500만 원인데 필자는 여기에 답이 있다고 생각한다. 가격이 비싼 새 건물보다 10년 정도 된 건물의 수익률이 더 높다. 예를 들어 10년쯤 된 1억 원짜리 오피스텔을 보증금 500만 원/월세 60만 원으로 보고 연 4%로 50%를 대출받는다면, 자기자본 4500만 원으로 구입할 수 있다. 연 720만 원의 월세 수입으로 연 200만 원씩 발생하는 대출이자를 납부하면 연 520만 원이 남는다. 이처럼 레버리지를 이용할 경우 연 수익률이 11.5%나 된다.

─ 수익형 부동산 구입은 매매시장이 유리하다 ─

위와 같은 건물을 구입할 수 있는 지역은 수도권에선 부천과 인천지역이고, 지방은 부산, 대구, 울산, 대전, 광주 모두 가능하다. 수도권에서 오피스텔 수익률이 가장 높은 지역은 인천이다. 부천, 인천지역은 1억 원으로 오피스텔이나 다세대빌라 구입이 가능하다. 다만, 같은 지역에서도 임대 수요가 많은 지역과 그렇지 못한 지역은 극명하게 갈린다. 따라서 임대 수요를 반드시 조사한 후 적합한 건물을 구입해야 한다. 이런 수익형 부동산을 적기에 경매로 구입하기는 어려우므로 매매시장에서 구입하는 것이 효과적이다.

전반기 투자 5차 연도 전반기 자기자본은 이월금 1억 원과 4차 연도 수익 7221만 원을 합한 1억 7221만 원이다. 7221만 원은 4차 연도 전반기에 1억 400만 원에 매수(낙찰)한 주택 2채를 각각 1억

8500만 원에 매각한 후 각각 전세금 1억 3500만 원을 상환하고 양도소득세와 수수료 2779만 원씩을 공제한 금액이다. 이것이 전반기 자기자본인데, 그중 1억 6000만 원으로 차익 목적 부동산을 매수(응찰)하고 나머지 1221만 원은 임대(월세) 목적 부동산을 구입한다. 자기자본 1억 6000만 원을 넷으로 나누면 주택 1채당 자기자본은 4000만 원인데 레버리지를 이용하면 1억 4000만 원까지 응찰이 가능하다.

2018년 5월 17일 감정가 1억 8500만 원의 용인시 기흥구 상갈동의 다세대빌라(50㎡)가 유찰돼 최저가가 1억 2950만 원이었는데 필자는 시세 1억 8500만 원, 전세 1억 3500만 원으로 파악하고 1억 4430만 원(78%)으로 가상투찰했는데 실제로는 1억 4110만 원(76.3%)에 낙찰되었다. 만일 위와 같은 다세대빌라 4채를 각각 1억 4430만 원에 매수(낙찰)할 경우 각각 종잣돈 4000만 원과 대출금 1억 1000만 원을 합쳐 집값, 취득세, 수리비를 지불한다. 이후 각각 1억 3500만 원에 전세를 주면 대출금을 상환한 후(이자는 매월 지급) 1억 원(2500만 원×4채)이 회수된다.

후반기 투자 이 금액과 차익 목적 부동산을 매수하고 남은 1221만 원, 그리고 4차 연도 후반기에 1억 3250만 원에 매수(낙찰)한 주택 4채를 각각 1억 6500만 원에 매각하고 각 전세금 1억 2500만 원을 상환한 후 양도소득세와 수수료 4062만 원을 공제한 1억 1930만 원을 합한 2억 3151만 원이 5차 연도 후반기 자기자본이다.

이 금액 중 2억 2500만 원으로 임대 목적 부동산을 구입한다. 자기자본 2억 2500만 원을 다섯으로 나눈 4500만 원과 대출금 5000만 원을 합쳐 1억짜리 건물(오피스텔/다세대) 5채를 구입한 후 보증금 500만 원/월세 60만 원에 각각 임대를 주고, 나머지 651 만 원은 다음 연도로 이월한다.

투자 6차 연도

전년도 순이익 6차 연도에도 차익 목적으로 매수(낙찰)한 주택을 미리 부동산에 내놓아 1년 경과 후 매각해야 한다. 5차 연도 전반기에 1억 4430만 원에 매수한 다세대빌라 4채를 각각 1억 8500만 원에 매각하면 1억 6280만 원의 차익이 발생하는데 세금과 제비용을 공제하면 순이익은 1억 370만 원이다.

임대수입 5차 연도 후반기(8월)에 매입한 건물(오피스텔, 다세대)의 임대수입 1200만 원(60만 원×4개월×5채)에서 이자 334만 원 (16.7만 원×4개월×5채)을 공제한 866만 원이 5차 연도 순 임대수입이다.

양도가액   7억 4000만 원(=1억 8500만 원×4채)

취득가액   5억 7720만 원(=1억 4430만 원×4채)

필요경비(취등록세, 수수료) 1004만 원(=251만 원×4채)

양도차익	1억 5276만 원
기본공제	250만 원
과세표준(합산과세)	1억 5026만 원
세율 적용(38%)	5710만 원
누진공제	1940만 원
양도소득세	2770만 원

양도차익 1억 6280만 원-취등록세, 수수료 1004만 원-수리비(도배 등) 1000만 원-이자 1136만 원(수수료 포함)-양도소득세 2770만 원=1억 370만 원(순이익)

전반기 투자 6차 연도에는 이월금 651만 원과 5차 연도 전반기 1억 4430만 원에 매수(낙찰)한 다세대빌라 4채를 각각 1억 8500만 원에 매각하고 각 전세금 1억 3500만 원을 상환한 후 양도소득세와 수수료 3140만 원을 공제한 1억 6860만 원을 합한 1억 7511만 원이 6차 연도 전반기 자기자본이다. 이 금액 중 1억 2000만 원으로 차익 목적 부동산을 매수(응찰)하고 나머지 5511만 원은 임대 목적 부동산을 구입한다. 1억 2000만 원을 셋으로 나누면 주택 1채당 자기자본이 4000만 원인데 레버리지를 이용하면 1억 4000만 원까지 응찰이 가능하다.

후반기 투자 5차 연도 전반기에 매수(낙찰)했던 감정가 1억 8500

만 원의 다세대빌라 3채를 각각 1억 4430만 원에 매수(낙찰)할 경우 각각 종잣돈 4000만 원과 대출금 1억 1000만 원을 합쳐 집값, 취득세, 수리비를 지불한다. 수리 후 각각 1억 3500만 원에 전세를 주면 대출금을 상환하고(이자는 매월 지급) 7500만 원(2500만 원×3채)이 회수된다. 이 금액과 5511만 원을 합친 1억 3011만이 후반기 자기자본이다. 여기에 임대수입에서 500만 원을 보탠 1억 3500만 원으로 임대(월세) 목적 부동산 3채를 구입한다. 1억 원짜리 건물(오피스텔/다세대)을 각각 자기자본 4500만 원과 대출금 5000만 원을 합쳐 구입하고 각각 보증금 500만 원/월세 60만 원에 임대를 준다. 나머지 11만 원은 다음 연도로 이월한다.

투자 7차 연도

전년도 순이익 7차 연도에도 차익 목적으로 매수(낙찰)한 주택은 미리 부동산에 내놓아 1년 경과 후 매각해야 한다. 6차 연도 전반기에 각각 1억 4430만 원에 매수(낙찰)한 다세대빌라 3채를 각각 1억 8500만 원에 매각하면 1억 2210만 원의 차익이 발생하는데 세금과 제 비용을 공제한 7125만 원이 6차 연도 순이익이다.

임대수입 5차 연도에 매수한 건물(오피스텔/다세대) 5채의 임대수입 3600만 원(720만 원×5채)에서 은행이자 1000만 원(200만 원×5채)을 공제한 2600만 원과 6차 연도(8월)에 매수한 건물(오피스텔/다세대)의 임대수입 720만 원(60만 원×4개월×3채)에서 은행 이자 202만 원(16.7만 원×4개월×3채)을 공제한 520만 원을 합한 3120만 원이 6차 연도 순 임대수입이고, 누적 임대수입은 3986만 원이다.

양도가액	5억 5500만 원(=1억 8500만 원×3채)
취득가액	4억 3290만 원(=1억 4430만 원×3채)
필요경비(취등록세, 수수료) 753만 원(=251만 원×3채)	
양도차익	1억 2210만 원
기본공제	250만 원
과세표준(합산과세) 1억 1960만 원	
세율 적용(35%)	4186만 원
누진공제	1490만 원
양도소득세	2696만 원

양도차익 1억 2210만 원-취등록세, 수수료 753만 원-수리비(도배 등) 750만 원-이자 866만 원(수수료 포함)-양도소득세 2696만 원=7125만 원(순이익)

전반기 투자 7차 연도 전반기 자기자본은 이월금 11만 원과 6차 연도 수익 1억 2027만 원을 합한 1억 2038만 원이다. 1억 2027

만 원은 6차 연도 전반기에 1억 4430만 원에 매수(낙찰)한 다세대빌라 3채를 각각 1억 8500만 원에 매각한 후 각각 전세금 1억 3500만 원을 상환하고 양도소득 세와 수수료 2973만 원씩을 공제한 금액이다.

이 금액 중 1억 2000만 원은 차익 목적 부동산을 구입하고, 나머지 38만 원은 임대 목적 부동산 구입에 보탠다. 자기자본이 6차 연도와 똑같은 1억 2000만 원이므로, 셋으로 나눈 4000만 원으로 감정가 1억 8500만 원의 다세대빌라 3채를 각각 1억 4430만 원에 매수(낙찰)하고 각각 자기자본 4000만 원과 대출금 1억 1000만 원을 합쳐 집값, 취득세, 수리비를 지불한다. 각각 1억 3500만 원에 전세를 주면 대출금을 상환하고(이자는 매월 지급) 7500만 원 (2500만 원×3채)이 회수된다.

후반기 투자 이 금액과 차익 목적 부동산을 구입하고 남은 38만 원을 합한 7538만 원이 후반기 자기자본이다. 여기에 임대수입금 중 1462만 원을 보탠 9000만 원으로 임대(월세) 목적 부동산 2채를 구입한다. 1억 원짜리 건물(오피스텔/다세대)을 각각 자기자본 4500만 원과 대출금 5000만 원을 합쳐 구입하고, 보증금 500만 원/월세 60만 원에 각각 임대를 준다.

투자 8차 연도

전년도 순이익 8차 연도에도 차익 목적으로 매수(낙찰)한 주택은 미리 부동산에 내놓아 1년 경과 후 매각해야 한다. 7차 연도에도 6차 연도와 똑같은 다세대빌라 3채를 각각 1억 4430만 원에 매수(낙찰)하고 각각 1억 8500만 원에 매각했으므로, 차익 1억 2210만 원에서 세금과 제 비용을 공제한 순이익은 7125만 원이다.

임대수입 5차, 6차 연도에 매수한 건물(오피스텔, 다세대) 8채의 임대수입 5760만 원(702만 원×8채)에서 이자 1600만 원(200만 원×8채)을 공제한 4160만 원과 7차 연도(8월)에 매수한 건물(오피스텔/다세대) 2채의 임대수입 480만 원(60만 원×4개월×2채)에서 이자 134만 원(16.7만 원×4개월×2채)을 공제한 346만 원을 합한 4506만 원이 7차 연도 순 임대수입이고, 누적 임대수입은 8492만 원인데 그중 1962만 원(500만 원+1462만 원)을 사용했으므로 6530만 원이 남아 있다.

전반기 투자 8차 연도 전반기 자기자본은 1억 2027만 원이다. 이것은 7차 연도에 1억 4430만 원에 매수(낙찰)한 다세대빌라 3채를 각각 1억 8500만 원에 매각한 후 각각 전세금 1억 3500만 원을 상환하고 양도소득세와 수수료 2973만 원씩을 공제한 금액이다. 이 금액 중 1억 2000만 원으로 차익 목적 부동산을 구입하고, 나머지 27만 원은 임대 목적 부동산 구입에 보탠다. 자기자본이 7차 연도와 같으므로, 감정가 1억 8500만 원의 다세대빌라 3채를 각각 1억 4430만 원에 매수(낙찰)하고 각각 자기자본 4000만 원과 대출금 1억 1000만 원을 합쳐 집값, 취득세, 수리비를 지불한다. 수리 후 각각 1억 3500만 원에 전세를 주면 대출금을 상환하고(이자는 매월 지급) 7500만 원(2500만 원×3채)이 회수된다.

후반기 투자 이 금액과 잔여금 27만 원을 합한 7527만 원에 임대수입금에서 1473만 원을 보탠 9000만 원으로 임대(월세) 목적 부동산 2채를 구입한다. 1억 원짜리 건물(오피스텔/다세대)을 각각 자기자본 4500만 원과 대출금 5000만 원을 합쳐 구입하고 보증금 500만 원/월세 60만 원에 각각 임대를 준다.

투자 9차 연도

전년도 순이익 9차 연도에도 차익 목적으로 매수(낙찰)한 주택은 미리 부동산에 내놓아 1년 경과 후 매각해야 한다. 8차 연도에도 다세대빌라 3채를 각각 1억 4430만 원에 매수(낙찰)하고 각각 1억 8500만 원에 매각했으므로, 차익 1억 2210만 원에서 세금과 제 비용을 공제한 순이익은 7125만 원이다.

임대수입 5차, 6차, 7차 연도에 매수한 건물(오피스텔/다세대) 10채의 임대수입 7200만 원(720만 원×10채)에서 이자 2000만 원(200만 원×10채)을 공제한 5200만 원과 8차 연도(8월)에 매수한 건물(오피스텔/다세대) 2채의 임대수입 480만 원(60만 원×4개월×2

채)에서 이자 134만 원(16.7만 원×4개월×2채)을 공제한 346만 원을 합한 5546만 원이 8차 연도 순 임대수입이고, 누적 임대수입은 1억 4038만 원이다. 그중 3435만 원(500만 원+1462만 원+1473만 원)을 사용했으므로 1억 603만 원이 남아 있다.

전반기 투자 9차 연도 전반기 자기자본은 1억 2027만 원이다. 이것은 8차 연도에 매수(낙찰)한 다세대빌라 3채를 각각 1억 8500만 원에 매각한 후 각각 전세금 1억 3500만 원을 상환하고 양도소득세와 수수료 2973만 원씩을 공제한 금액이다. 이 금액 중 1억 2000만 원으로 차익 목적 부동산을 구입하고 나머지 27만 원은 임대 목적 부동산 구입에 보탠다. 자기자본이 8차 연도와 같으므로, 8차 연도와 같은 규모의 다세대빌라 3채를 각각 1억 4430만 원에 매수(낙찰)할 경우, 자기자본 4000만 원과 대출금 1억 1000만 원을 합쳐 집값, 취득세, 수리비를 지불한 후 각각 1억 3500만 원에 전세를 주면 대출금을 상환(이자는 매월 지급)하고 7500만 원(2500만 원×3채)이 회수된다.

후반기 투자 이 금액과 잔여금 27만 원을 합한 7527만 원에 임대수입금에서 5973만 원을 보탠 1억 3500만 원으로 임대(월세) 목적 부동산 3채를 구입한다. 1억 원짜리 건물(오피스텔/다세대)을 각각 자기자본 4500만 원과 대출금 5000만 원을 합쳐 구입하고 보증금 500만 원/월세 60만 원에 각각 임대를 준다.

투자 10차 연도

전년도 순이익 투자 10년 차에도 9차 연도에 차익 목적으로 매수(낙찰)한 주택은 미리 부동산에 내놓아 1년 경과 후 매각해야 한다. 9차 연도에 다세대빌라 3채를 각각 1억 4430만 원에 매수(낙찰)하고 각각 1억 8500만 원에 매각했으므로, 차익 1억 2210만 원에서 세금과 제 비용을 공제한 순이익은 7125만 원이다.

임대수입 5차, 6차, 7차, 8차 연도에 매수한 건물(오피스텔, 다세대) 12채의 임대수입 8640만 원(720만 원×12채)에서 이자 2400만 원(200만 원×12채)을 공제한 6240만 원과 9차 연도(8월)에 매수한 건물(오피스텔, 다세대) 2채의 임대수입 480만 원(60만 원×4개월×2채)에서 이자 134만 원(16.7만 원×4개월×2채)을 공제한 346만 원을 합한 6586만 원이 9차 연도 순 임대수입이고, 누적 임대수입은 2억 624만 원이다. 그중 9408만 원(500만 원+1462만 원+1473만 원+5973만 원)을 사용했으므로 1억 1216만 원이 남아 있다.

투자 10년 차에는 9년 차에 매수한 다세대주택 3채를 매각한 후 제 비용(전세금, 양도소득세, 수수료)을 공제하면 1억 2027만 원이 회수된다. 따라서 전년도와 같은 방법으로 차익 목적 부동산과 임대 목적 부동산 구입을 병행할 경우, 1년에 임대 목적 건물(오피스텔/다세대) 3채씩을 늘려갈 수 있고, 이 금액(2억 3216만 원)으로 임대(월세) 목적 건물(오피스텔/다세대) 5채를 구입하고 투자를 마무리할 수도 있다. 10년 차에서 투자를 마무리하더라도 월세 받는 건물이 20채나 되니 연간 임대수입 1억 4400만 원(720만 원×20채)으로 연이자 4000만 원(200만 원×20채)을 지급하고도 1억 400만 원의 순 임대수입이 들어온다. 실제로 이렇게 된다면 억대 연봉을 받는 대기업 임원이 부럽지 않을 것이다.

─ 3000만 원이 만든 투자의 기적 ─

9년 차까지의 투자 결과는 다음과 같다. 겨우 3000만 원의 종잣돈으로 시작했는데 9년 만에 자기자본 9억 원대로 대폭 증가했다. 차익 목적 투자로 6억 5274만 원을 벌었고, 임대수입으로 2억 624만 원을 벌었다. 1억짜리 건물(오피스텔/다세대) 15채를 보유하고 있으며, 1억 1216만 원의 현금이 남아 있다.

> 4000만 원(=종잣돈 3000만 원+1000만 원)+매매투자 순이익금 6억 5274만 원+임대수입금 2억 624만 원

필자는 실제로 투자가 가능한 시나리오를 만들기 위해 2018년 1년 동안 많은 노력을 했다. 수도권 지역 소형주택(아파트/다세대)을 대상으로 꾸준히 모의투자를 하면서 낙찰률 통계를 내보고 지역별 시세, 임대료, 임대수요 등을 파악했다. 금리인상에 대비해 대출금리를 연 4.5%로 적용하고 중도해지 수수료도 적용했다. 현행세법에 따라 취득세, 양도소득세 등 제 비용을 적용해서 이런 시

[9년 차까지의 투자 및 결과물]

회차	차익 목적 부동산	임대(월세) 목적 부동산
1차 연도	최초 자기자본 3000만 원 다세대 2채 매입/매각 순이익 3416만 원	
2차 연도	아파트 2채 매입/매각 순이익 4685만 원	
3차 연도	다세대 4채 매입/매각 순이익 6845만 원	
4차 연도	다세대 6채 매입/매각 순이익 1억 1458만 원	
5차 연도	다세대 4채 매입/매각 순이익 1억 370만 원	오피스텔/다세대 5채 매입 임대 순수입 866만 원
6차 연도	다세대 3채 매입/매각 순이익 7125만 원	오피스텔/다세대 3채 매입 임대 순수입 3120만 원
7차 연도	다세대 3채 매입/매각 순이익 7125만 원	오피스텔/다세대 2채 매입 임대 순수입 4506만 원
8차 연도	다세대 3채 매입/매각 순이익 7125만 원	오피스텔/다세대 2채 매입 임대 순수입 5546만 원
9차 연도	다세대 3채 매입/매각 순이익 7125만 원	오피스텔/다세대 3채 매입 임대 순수입 6586만 원
합계	매매차익 합계 6억 5274만 원	임대용 부동산 15채 보유 총 임대수입 2억 624만 원

나리오를 작성했다. 실제상황을 반영한 모델이라 자부하지만 부동산시장은 끊임없이 변하기 때문에 여러분이 직접 투자할 때는 상황이 이와 다를 수 있고, 투자자의 실력에 따라서도 다르다. 따라서 이보다 잘할 수도 못할 수도 있을 것이다. 문제는 투자자의 마인드라는 걸 기억하자.

─ 긍정의 힘은 실로 위대하다 ─

시골 농부의 8남매 중 장남으로 태어난 나는 여러 식구들과 먹고살기 위해 스물일곱 나이에 겨우 150만 원으로 집장사를 시작했다. 당연히 처음엔 엄청 고생했다. 턱없이 적은 자본금에 경험도 일천하니 끝도 없을 것 같은 난관이 앞을 가로막았다. 무너지지 않고 극복할 수 있었던 것은 '노력하면 된다'는 긍정적인 마인드 덕이라고 생각한다. 난관이 닥칠 때마다 현대그룹 창업자인 고 정주영 회장의 "해봤어?"를 떠올리며 용기를 냈다. 긍정의 힘은 실로 위대하다. 긍정적으로 생각하면 무궁무진한 길을 발견할 수 있다. 그러나 부정적으로 생각하면 아무것도 하지 못한다.

돈 되는 부동산,
돈 안 되는 부동산

1장

아파트투자는
여전히 돈이 된다

강남 아파트 사야 하나 팔아야 하나?

── 강남 아파트가격은 왜 자꾸 오를까? ──

강남 아파트가 서울 부동산의 지표가 된 지는 이미 오래다. 강남 아파트가격이 오르면 서울전역과 수도권이 따라 오르고 이어 지방 도시도 뒤따라간다. 반대로 서울 아파트가격이 내릴 때 가장 마지막으로 내려가는 곳이 바로 강남이다. 그럼 강남 아파트는 왜 자꾸 오르는 것일까? 대한민국 최초의 계획도시(신도시)인 강남은 최고의 입지에 교통, 접근성, 교육, 편익시설, 환경·조망권 등 모든 것을 갖추고 있기 때문이다. 70년대 초 정부는 과밀화된 강북 구도심을 벗어나 주변부 신시가지 건설을 통한 다핵도시 개발에 주목했고, 그 첫 대상지가 바로 강남(영동지구)이었다. 상습 침수지역 (반포동, 흑석동, 동부이촌동, 서빙고동, 뚝섬·자양동, 구의동 등)을 매립하여 대규모 아파트단지를 건설하고, 압구정동, 잠원동, 서초동, 방배동 일대를 주거단지로 탈바꿈시키자 강남은 비약적으로 발전했다. 그러나 강남개발이 일사천리로 진행된 것은 아니다. 개발 초기 강남은 독자적인 생활기반시설이 부족했기 때문에 강북 의존도가 높은 베드타운 성격을 벗어나지 못했다.

그런데 당시 강북 억제, 강남 개발 정책의지가 대단히 강했던 유신정권이 강북의 명문 고등학교를 강남으로 대거 이전시켜 8학군을 조성했고, 학부모들이 강남지역으로 대거 이주하면서 강남인구가 급증했다. 1970년부터 1999년까지 30년 동안 서울인구는 550만에서 1030만으로 약 2배 증가했는데, 그중 강북인구는 430만에서 520만으로 약 1.2배 증가했으나, 강남인구는 120만에서 510만으로 약 4.2배 증가하여 이 기간 증가한 서울인구 480만 가운데 81%를 차지했다. 이처럼 강남인구가 급증하면서 강남 아파트가격 역시 꾸준히 상승했다.

─ 인구급증과 더불어 급상승한 강남 집값 ─

70년대 초 서울의 단독주택(대지 50평/건평 25평) 한 채 가격은 500~1000만 원 정도였고, 전용 85㎡ 아파트가격이 이와 비슷했다. 그런데 필자가 2017년 8월 기준으로 조사한 서울 주요 지역 아파트가격은 85㎡ 기준, 강북은 평균 6억 2000만 원, 강남은 평균 11억 6000만 원으로 강북은 83배, 강남은 155배 상승한 것으로 나타났다. 한편 경실련이 국회 정동영 의원실과 함께 1988년부터 2017년 8월까지 서울 주요 아파트 시세변화를 분석한 결과 강남의 전용 82.5㎡ 아파트값은 1988년 7000만 원에서 2017년 8월 12억 원으로 뛰었으나, 같은 기간 강북은 8000만 원에서 5억 4000만 원으로 4억 6000만 원 오르는 데 그친 것으로 나타났다. 이렇게 강남 아파트가격이 가히 천문학적으로 상승하면서 집값 상승을 주도했기 때문에 강남 아파트가격이 서울 부동산의 지표 역할을 했던 것이다.

그러나 2008년 발생한 미국발 금융위기 리먼 쇼크와 MB정부의 보금자리주택 정책의 영향으로 집값이 폭락한 이후 강남 아파트가격은 10년 넘게 소폭의 등락을 거듭하다가 2016년경부터 상승세로 돌아섰고, 공교롭게도 문재인 정부가 출범하자 급상승세를 보였다. 문재인 정부가 부동산시장과의 전쟁을 선포하고 사상 유래가 없는 전방위적인 규제를 가하고 있는데도 강남 아파트가격 상승세는 멈추지 않고 오히려 가파르게 상승했다. 그러자 일각에서 강남 집값에 대한 버블논란이 일었다.

— 강남 아파트가격은 버블일까? 아니라고 확신한다 —

참여정부 때에 이어 두 번째다. 참여정부 때도 강남 일부 아파트가격이 3.3㎡당 5000만 원을 넘기자 강남 집값에 대한 버블논쟁이 벌어졌었다. 당시 논쟁은 '강남 집값은 버블이고, 현재 고가주택을 소유하고 있는 노령세대가 은퇴하고 그 주택을 처분하면 그 고가주택을 받아줄 사람이 없어서 강남 집값은 급락할 것이다'라는 주장과 '강남 집값은 버블이 아니며, 현재 고가주택 소유자들이 은퇴하고 그 주택을 처분하더라도 IT산업이나 게임산업 등 신사업으로 큰돈을 번 신흥부자들이 그 주택을 충분히 받아줄 수 있다'는 논쟁이 팽팽히 맞섰다. 그로부터 10여 년이 지난 지금 강남 집값에 대한 버블논란이 다시 일어나고 있는 것이다. 과연 강남 아파트 가격은 버블일까? 필자는 강남 아파트가격은 버블이 아니라고 단정한다. 이유는 크게 3가지다.

첫째, 2000년대 중반 강남 집값 버블논쟁이 벌어질 때 강남 아파트 최고가는 3.3㎡당 5000만 원 정도였다. 그로부터 10여 년이 지난 지금 강남 아파트가격은 하락한 것이 아니라 오히려 상승했다. 최고가도 3.3㎡당 6500만 원 정도로 높아졌다.

둘째, 강남의 아파트가격이 이웃 일본이나 중국에 비해 비싸지 않다는 것이다. 일본 도쿄의 주택가격이 서울보다 싸다고 생각하면 오산이다. 강남의 핵심인 압구정·청담동에 해당하는 롯본기는 지금의 강남 주택가격을 10년 전에 갈아치웠다. 중국의 상해, 북경, 광저우 등도 지금의 강남 주택가격을 대략 3년 전쯤 넘어섰다.

셋째, 우리 주택가격 상승은 경제성장 및 가계의 소득증가에 기반을 두고 있는데, 우리 경제의 기초체력으로 볼 때 앞으로 상당기간 성장세를 이어갈 것으로 전망되기 때문에 고가 아파트에 대한 수요도 여전할 것이라 예상된다. 참여정부 때도 정부는 강남 아파트가격이 버블이라고 경고했지만, 당시 사람들은 엄청 비싼 강남아파트를 매입하는 데 주저하지 않았다. 그리고 그들의 완전한 승리였다. 2001년 이후 2008년까지 서울 아파트가격이 평균 3배 이상 상승했으니, 당시 강남 아파트를 구입한 사람들은 떼돈을 벌었다. 반면 정부의 '강남 집값은 버블'이라는 말을 믿고 강남 아파트를 팔았거나 사지 않은 사람들은 후회막급일 것이다.

― 강남 아파트가격은 하락할까? ―

12.16대책 이후 서울 아파트가격 상승 폭이 둔화되었고, 재건축 아파트 호가도 1~3억 원씩 낮아졌다. 그러자 '서울 집값이 폭락할 것'이라는 전문가 의견이 쏟아지기 시작했다. 그럼 서울 특히 강남의 아파트가격 상승세가 멈추고 하락세로 전환된 것일까? 필자는 그렇지 않다고 본다. 정부의 고강도 규제에 의한 거래 실종으로 가격 상승세가 둔화되고 일부 지역(재건축)의 호가가 낮아지긴 했지만, 3~6개월 정도 숨 고르기를 한 후 다시 상승세로 돌아설 가능성이 높다. 여러 가지 이유가 있겠지만 가장 큰 원인은 '낡아가는 도심과 새 아파트 공급 부족'이라는 우리 부동산시장의 구조적인 문제다.

2000년대 중반 아파트가격 상승은, 분양가상한제 전면 폐지 이후 도곡동 타워팰리스, 삼성동 아이파크 같은 다양하고 격조 높은 아파트가 건설되면서 소비자들의 묻지마식 투자가 시작된 것이 원인이었다. 그러나 최근(2016년) 아파트가격 상승의 원인은 재건축아파트다. 재건축된 아파트는 완전히 새롭게 탈바꿈하고 가격이 천정부지로 치솟아 주변 아파트에 영향을 미치는 것이다. 신반포 1차아파트를 재건축해 2016년 완공·입주한 '아크로리버파크'는 2013년 말 평균 분양가가 3.3m^2당 3830만 원이었는데 재건축 후 3.3m^2당 평균 매매가격은 6534만 원으로 분양가 대비 170% 상승했다. 이렇게 재건축아파트 가격이 천정부지로 치솟는 바람에 주변 아파트가격도 상승하는 것이다. 더구나 강남은 택지개발이 불가능하고 오로지 재건축·재개발을 통한 공급만 가능하기 때문에 재건축·재개발이 새 아파트를 공급받을 수 있는 유일한 길이다. 이런 구조적인 문제 때문에 지금은 강남 아파트가격이 하락세를 보이고 있지만 일정 기간이 경과하면 다시 상승세로 돌아설 것으로 보며, 그 시기는 현재 진행 중인 재건축아파트 완공입주 후가 될 것으로 전망한다.

따라서 강남아파트는 여전히 매력적인 투자대상이다. 다만 지역적 격차는 더 커질 것이 예상되므로 선별투자가 필요하다.

─ 복합환승센터 건설로 강남은 교통허브가 된다 ─

앞서 살펴본 것 외에도 강남 아파트가격 상승요인은 너무나 많은데 그중 대표적인 것은 영동대로 복합환승센터 건설과 현대자

동차의 옛 한전부지 고가매입의 영향이다. 영동대로에 복합환승센터가 건설되면 강남(삼성역)은 교통허브로 바뀔 것이다. 국내 최대 규모(연면적 약 15만m²)로 건설되는 영동대로 지하도시의 복합환승센터가 2023년 완공되면 버스와 지하철은 물론이고 광역급행철도(GTX)와 KTX까지 삼성역에서 탈 수 있다. 즉, 통합환승센터인 삼성역은 KTX와 지하철 2호선, 9호선이 지나고 위례신사선이 신설된다. 그리고 GTX(수도권광역철도) A노선(킨텍스~삼성역)과 C노선(금정~의정부)이 지나고 삼성~동탄 간 광역급행철도가 운행된다. 현재 추진 중인 부천 당아래~잠실을 잇는 남북광역급행철도 건설이 확정되면 복합환승센터를 지나는 철도노선은 8개로 늘어난다.

지상에는 공화문 광장 같은 보행광장이 조성되고, 지하(6층)에는 철도 역사와 연계한 환승센터, 도심공항터미널, 주차장, 상업·공공문화시설이 들어선다. 게다가 코엑스몰과 새로 건립되는 현대차 GBC(글로벌비지니스센터) 쇼핑몰이 지하로 연결되면 잠실야구장 30배 크기(42만m²)의 거대 지하도시가 생긴다. 영동대로 통합환승센터가 완공되면 강남(삼성역)은 모든 길이 통하는 '교통허브'가 될 것이라 예상하기가 어렵지 않다.

─ 한전부지 고가매각이 지가를 끌어올린다 ─

영동대로 통합환승센터 건설 못지않게 강남 부동산에 큰 영향을 미치는 것이 현대차그룹의 한전부지 고가매입이다. 2014년에 현대차 그룹이 강남구 삼성동 소재 한전부지 매각 입찰에서 모두의 예상과는 달리 감정가의 3배나 되는 10조 5500억 원에 낙찰을 받았는데 이는 3.3㎡당 4억 3879만 원으로 대단히 높은 가격이었다. 하지만 현대차그룹이 시세보다 높은 가격에 무리하게 낙찰받았다는 여론이 형성될 때만 해도 강남 부동산에 미치는 영향은 미미했다. 그런데 현대차그룹이 GBC(Global Business Center) 개발 계획안을 발표하면서 사람들의 인식이 달라지기 시작했다. 즉 현대차그룹이 매입한 3.3㎡당 4억 3879만 원이 시세와 동떨어진 가격이 아니라 현실적인 시세로 인식되면서 상대적으로 주거지역 토지가격이 저평가되었다고 생각하게 된 것이다. 상업지역 토지가격이 3.3㎡당 4억 3879만 원인 것에 비해 주거지역 토지가격 3.3㎡당 5000~6000만 원은 너무 저렴하다는 것이다. 주거지 토지가격과 상업지 토지가격의 격차는 용적률 차이와 비슷한 격차를 보인다.

서울시 조례는 주거지역(2종) 용적률 200% 이하, 상업지역 800% 이하로 규정하고 있으므로, 상업지역 토지가격이 주거지역 토지가격보다 약 4~5배 높은 것이 일반적이다. 그런데 상업지역(옛 한전부지) 토지가격 3.3㎡당 4억 3879만 원은 주변 주거지 토지가격보다 8~10배나 높은 것이니 주변 주거지 토지가격이 상대적으로 저평가되었다고 인식한 것이다. 강남의 경우 토지비 비중이 아파트가격의 4분의 3 이상인 것을 감안할 때 머지않아 강남 아파트가격이 3.3m^2당 1억 원을 돌파할 것이라는 소문이 인터넷을 통해 확산되면서 주변지역(삼성, 대치, 청담)엔 2018년부터 부동산매물이 사라졌다.

이런 메가톤급 개발호재 때문에 현재 하락세를 보이는 강남 아파트가격은 일정 기간이 지난 후엔 다시 상승세로 돌아설 것 가능성이 매우 높다고 보는 것이다. 다만 부동산시장을 재건축이 주도하기 때문에 재건축 추진 상황에 따라 가격상승과 멈춤을 반복할 것으로 예상된다. 반포, 대치, 개포, 잠실, 둔촌 등의 대규모 재건축 단지가 분양할 때마다 모델하우스에 구름떼 같은 인파가 몰려들 것이고, 재건축아파트 완공 · 이주 후엔 아파트가격이 천정부지로 치솟을 가능성이 있다. 따라서 장기적으로 강남 아파트는 상승세를 이어갈 것으로 예상된다.

02

어디가 투자할 만한 블루칩 지역일까?

─ 어디에 투자해야 돈이 될까? ─

최근의 부동산시장은 지역적 차별화가 점점 심화되고 투자집중화 현상이 나타나고 있다. 한마디로 돈이 될 만한 곳에 투자가 몰린다. 전통적인 부촌, 개발호재가 있는 지역, 공간(임대) 수요가 많은 지역으로 몰리는 것이다. 여기에 정부의 다주택자 규제로 '똘똘한 1채'에 투자하려는 경향이어서 강남 등 핵심지역엔 투자가 증가하지만 다른 지역은 소외된다. 투자는 이윤추구가 목적이고, 가격의 향방이 성패를 좌우한다. 따라서 지역선택이 중요한데 공간시장, 자산시장 불문하고 부동산가격이 상승(최소한 지탱)해야 이윤추구가 가능하다. 그런데 정부의 전방위적인 부동산규제로 아파트 매매가 · 전세가가 모두 하락세를 보이고 있으니 '역(逆)전세난'

에 대한 우려가 시장을 뒤덮고 있다. 이런 상황에서 과연 어디에
어떻게 투자해야 돈이 될까?

─ 블루칩 지역에 투자하라 ─

주식시장에선 내재가치, 성장성, 안전성, 주가 등을 기준으로 블
루칩을 구분하는데 부동산은 주택 매매가격 기준으로 부촌 등급
을 정하고 상위지역을 통상 '블루칩 지역'이라고 한다. 강남에서
대표적인 블루칩 지역은 삼성동 · 청담동, 압구정동, 대치동 · 도곡
동, 반포동 등을 꼽는다. 강남 부촌지역은 계속 바뀌고 있다. 오랫
동안 강남 맹주 자리를 차지하고 있던 압구정동에서 대치동 · 도
곡동으로 바뀌고, 다시 반포동으로 바뀌었다가 최근에는 개포동으
로 이동하고 있다. 이처럼 강남의 부촌지역이 바뀌는 이유는 재건
축아파트 때문이다. 즉 재건축 후 새 아파트가격이 천정부지로 치
솟아 부촌 등급을 계속 갈아치우는 것이다. 이런 이유로 삼성동 ·
청담동이 한 번도 주택매매가 1등 지위에 오르지 못했다. 다만 이
책에선 현재가치보다 미래가치에 더 무게를 두고 블루칩 지역을
판단하려고 한다. 블루칩 지역에 투자를 권하는 또 한 가지 이유는
이들 지역은 수도권 3기 신도시건설에도 불구하고 아파트가격이
하락하지 않고 오히려 상승할 지역으로 판단하기 때문이다.

─ 강남의 심장부 삼성 · 청담동 ─

영동대로 지하도시에 프랑스 파리 라데팡스나 뉴욕 맨하탄의 펜
역과 같은 세계적인 복합환승센터가 건설되면 모든 길은 강남(삼
성동)으로 통하게 된다. 삼성역에서 버스와 지하철, GTX, KTX까
지 탈 수 있고, 도심공항터미널에서 체크인하고 버스환승센터에서
공항버스를 타거나 9호선을 이용해 공항으로 바로 갈 수 있다. 강
남(삼성동)이 교통허브로 바뀌는 것이다. 게다가 현대차그룹의 통
합사옥을 비롯한 공연장, 전시시설, 컨벤션, 호텔 · 업무 등으로 구
성된 GBC(Global Business Center)가 건립되면 삼성 · 청담동은
교통, 상업 · 업무, 레저 · 문화, 비즈니스 등의 중심지역으로 발전
할 것이다. 그러나 이들 지역은 2018년부터 부동산 매물이 사라져
투자가 쉽지 않다.

─ 영원한 블루칩 압구정 · 대치동 ─

압구정 · 대치동은 강남의 영원한 블루칩이다. 그리고 매물도 삼
성 · 청담동처럼 귀하지 않다. 게다가 압구정동은 전 지역이 재건
축 추진 중이고, 정부의 거래규제를 비켜 간 지역 즉 아직 조합설
립인가단계를 거치지 않은 곳이다. 대치동도 휘문고등학교 남쪽
으로는 대부분이 재건축단지로 구성되어 있고 정부의 거래규제를
비켜 간(조합설립인가를 받지 않은) 단지들이 많다. 대치 은마아파트
는 정비구역 지정을 준비 중이고, 대치 개포우성(1144세대), 한보

미도맨션(2436세대), 개포우성4차(459세대) 등은 안전진단을 마친 상태여서 투자가 가능하다. 게다가 이 지역들은 앞서 본 영동대로 지하도시 건설의 대표적인 수혜지역이다. 상세한 내용은 재건축·재개발투자 편에서 살펴보자.

─ 전통적 부촌 반포·방배동 ─

반포동은 재건축아파트에 의해 최근까지 매매가 1위를 차지했던 블루칩 지역이다. 그러나 반포의 재건축단지는 모두 규제대상(조합설립인가를 받은)이어서 재건축조합원 지위 양도가 불가능하다. 다만 「도시 및 주거환경정비법 시행령」의 예외조항인 '10년 보유, 5년 거주한 1가구 1주택자'는 조합원 지위 양도가 가능하다. 따라서 반포주공 1단지(1, 2, 3주구) 반포경남재건축단지의 '10년 보유, 5년 거주한 1가구 1주택자'는 조합원 지위 양도·양수가 가능해서 제한적이지만 투자가 가능하다.

방배동은 고층아파트가 많아서 서초구에서 소외되었던 지역이다. 그러나 지난 37년 동안 국군정보사령부 부지로 막혀 있던 서초대로가 2019년에 서리풀터널 공사 완공으로 뚫리면 강남대로와 연결돼 강남 중심부 접근이 쉬워진다. 이전 정보사령부 부지에 컨벤션센터, 미술관 등을 건설하면 기존의 예술의 전당, 국립중앙도서관 등과 함께 복합문화클러스터가 조성될 예정이다. 따라서 방배동의 재건축·재개발이 활발하게 추진될 것으로 예상되기 때문에 방배동 부동산의 미래가치도 재평가될 것이다.

― 송파·강동 재건축아파트 ―

송파 · 강동도 재건축이 아파트가격 상승을 주도하고 있기 때문에 재건축 추진지역이 블루칩이다. 송파구는 잠실주공5단지(3,930세대), 강동구는 둔촌주공아파트1~4단지(5930가구)가 대표적이다. 그러나 이들 지역의 재건축단지는 규제대상(조합설립인가를 받은)이어서 조합원 지위 양도가 불가능하다. 다만 「도시 및 주거환경 정비법 시행령」의 예외조항, 즉 '10년 보유 5년 거주한 1가구 1주택자'는 조합원 지위 양도가 허용된다. 따라서 제한적이지만 투자가 가능하다. 잠실주공5단지와 둔촌주공1~4단지는 모두 대단지여서 앞으로 송파 · 강동 아파트가격 상승을 주도할 것으로 예상된다.

날씨로 보는 아파트시장 전망,
3기 신도시건설 그 후

─ 수도권 3기 신도시 및 택지개발지구 확정 ─

정부는 서울과 경기, 인천 등에 신도시 5곳 17만 3000호, 중규모 택지 20곳 9만 1000호, 소규모 택지 61곳 3만 6000호 등 총 86곳을 확정해 발표했다. 남양주 왕숙 1134만m^2(6만 6000호), 고양 창릉 813만m^2(3만 8000호), 하남 교산 649만m^2(3만 2000호), 부천 대장 343만m^2(2만호), 인천 계양 335만m^2(1만 7000호) 등 5곳, 그리고 과천 등 중소규모 81곳에 택지를 개발해 주택 30만 호를 순차적으로 공급한다는 것이다. 서울에도 옛 성동구치소 자리와 개포동 재건마을 등 11곳이 포함되었다. 선진국은 새로운 도시를 건설하려면 계획에만 10년 이상이 걸린다고 하는데 1년도 안 되는 기간에 무려 81곳의 도시 및 택지개발지구계획을 수립했다니

놀라운 일이다. 이렇게 세계에서 유래를 찾아볼 수 없는 다핵도시 (?)가 건설된 후 수도권 아파트시장은 어떤 흐름을 보일까?

투자 관점에서 지역별 아파트시장 흐름을 날씨에 비유하면 '서울은 지역별 흐림, 1기 신도시는 흐리고 비, 2기 신도시는 지역별 흐림, 3기 신도시는 맑음'을 보일 것으로 예상된다.

― 서울 아파트시장, 지역별 흐림 ―

수도권 3기 신도시를 건설하면 서울의 주택수요가 분산돼 아파트가격이 안정될 것이라는 데는 견해를 같이한다. 다만 정작 필요한 지역의 아파트가격은 안정시키기 어렵다는 것이 문제다. 신도시를 건설해도 강남을 비롯한 핵심지역의 아파트가격은 안정되지 않을 것이다. 서울과 가장 가까운 하남 교산, 고양 창릉, 과천 등에 도시를 건설해도 강남 3구, 여의도, 용산, 마포, 성수 등 핵심지역 거주자들이 자신의 아파트를 처분하고 신도시로 이주할 가능성은 매우 낮다. 이들 지역은 교육, 교통, 환경 등 인프라가 다른 지역보다 우수하고 재산을 증식하기 가장 좋은 지역이다. 무엇 때문에 신도시로 이사를 가겠는가?

현재 아파트 재건축만큼 큰돈을 남겨주는 부동산 재테크는 없다. 그래서 아파트 재건축을 '황금알을 낳는 거위'라고 한다. 강남을 비롯한 핵심지역이 재건축을 추진하기 가장 좋은 지역이다. 과거 저밀도지구 재건축은 용적률 격차가 2배 이상으로 높아서 지역에 구애받지 않고 재건축 추진이 가능했다. 그러나 고밀도지구는 주변 아파트시세가 높지 않으면 재건축 추진이 어렵다. 고밀도지구 기존 용적률은 180~210% 수준인데, 재건축 기본 용적률 230%를 적용하면 사실상 1대1 재건축을 하게 되므로 주변 아파트시세가 높아야 재건축 추진이 가능하다. 용적률 격차가 크지 않으면 조합원이 거액의 분담금을 내야 한다. 그런데 주변 아파트시세가 높으면 일반분양 아파트 분양가를 높여서 조합원 분담금을 줄일 수 있다. 이런 곳은 재건축 완공 후 아파트가격이 높게 형성돼 엄청난 자산증식(양도차익)이 가능하기 때문에 재건축이 가능하다.

이처럼 고밀도지구 재건축은 용적률과 가격을 동력으로 추진하기 때문에 주변 아파트시세가 높은 강남과 핵심지역이 재건축에 가장 유리하다. 이렇게 보는 가장 큰 이유는 막대한 공사비 때문이다. 낡은 아파트를 헐어내고 새 아파트를 건설하는 데 3.3m^2당 최소 500만 원 이상의 공사비가 필요하고, 이주비 등 부대비용도 필요하다. 그래서 서울에서도 아파트가격이 비싼 강남과 핵심지역만(여의도, 용산, 마포, 종로, 성수, 자양, 목동 등) 아파트재건축이 가능하고 그 밖의 지역은 재건축 추진이 어렵다.

정리하면 강남을 비롯한 핵심지역은 재산을 증식하기 좋은 지역이어서 신도시로 이주할 하등의 이유가 없다. 따라서 이들 지역은 수도권 3기 신도시건설 이후에도 아파트시장 흐름에 큰 변화가 없을 것으로 예상된다. 그러나 강남과 핵심지역을 제외한 그 밖의 지역의 거주자들은 신도시로 이주할 사람들이 상당할 것으로 예상된다. 특히 옛 성동구치소 자리와 개포동재건마을 등 서울지역 택지개발지구 아파트분양에 묻지마식 투자가 몰릴 것으로 예상된다. 당첨되면 '로또'라는 인식 때문이다. 따라서 이들 지역의 기존 아파트가격은 하락세가 예상된다. 다만 수도권 전체를 대상으로 아파트를 분양하기 때문에 서울 거주자들이 신도시 아파트분양에 당첨될 확률은 높지 않아서 이들 지역의 아파트가격 하락폭은 그다지 크지 않을 것으로 예상된다.

─ 수도권 1기 신도시, 흐리고 비 ─

정부가 수도권 3기 신도시지역을 발표하자 1기 신도시 주민들이 수도권 3기 신도시 지정에 강력히 반발하면서 신도시 지정 철회를 요구하는 것에서 짐작할 수 있듯이 1기 신도시가 3기 신도시건설에 의한 부정적인 영향을 가장 크게 받을 것으로 예상된다. 1~2기 신도시는 서울과 10~30km 이상 떨어진 곳에 있는데, 3기 신도시는 서울과 훨씬 가깝기 때문이다. 서울과 불과 1~2km 떨어진 지역도 있다. 이렇게 서울과 가까운 지역에 신도시를 건설하면 1~2기 신도시 주민들이 3기 신도시로 빠져나갈 가능성이 높다. 1~2기 신도시는 사실상 베드타운 기능만 하기 때문에 서울로 출퇴근하는 젊은 층은 서울이 가까운 3기 신도시를 선호할 수밖에 없다.

특히 1기 신도시에서 아파트를 임대해 살고 있는 임차세대가 3

기 신도시로 빠져나갈 가능성이 매우 높다. 따라서 1기 신도시는 전세가와 아파트가격이 동시에 하락할 것으로 예상된다. 다만 지역적 편차는 클 것이다. 일산과 분당의 전세가와 아파트가격 하락폭은 클 것으로 예상되지만 평촌, 산본, 중동은 그다지 크지 않을 것으로 예상된다.

최악의 시나리오도 배제할 수 없다. 'Part 1. 부동산 전망 편'에서 수도권 3기 신도시건설에 의한 최악의 시나리오는 기존 신도시의 주택가격 하락과 도시의 슬럼화라고 말하면서 홍콩의 아파트 슬럼화와 일본의 신도시 몰락을 예로 들었는데, 이는 1기 신도시를 염두에 두고 한 전망이다. 1기 신도시가 최악의 시나리오가 발생할 수 있다고 보는 데는 이유가 있다. 3기 신도시건설이 완료되는 2027~2028년이면 1기 신도시는 지은 지 35년이 넘는 노후아파트가 된다. 그리고 10년이 더 지나면 45년이나 돼 아파트수명을 거의 다하게 된다. 그런데 아파트를 재건축할 수 없다면 어떻게 될까?

아파트 내부시설의 심각한 노후화로 정상적인 생활이 곤란해지면서 점점 공가(空家)가 발생하고 나중에는 아파트단지의 슬럼화가 진행될 것이다. 물론 지은 지 35~45년이 돼도 심각한 부실이 아니면 아파트가 붕괴되지는 않는다. 그러나 수도·난방용 배관, 전선 등 내부 핵심시설의 심각한 노후화로 정상적인 생활은 불가능해진다. 임대도 줄 수 없어서 아파트를 비울 수밖에 없고, 갈수록 공가(空家)가 늘어나면서 아파트단지의 슬럼화가 진행될 수도 있다. 홍콩이 바로 그런 경우다. 아파트를 초고층(60~70층)으로 짓는 홍콩은 재건축은 꿈도 못 꾼다. 그래서 홍콩 아파트는 50~60년이 지나면 슬럼화가 진행된다.

필자가 이런 최악의 시나리오가 발생할 수도 있다고 보는 것은 1기 신도시에는 재건축사업성을 충족하는 아파트단지가 많지 않기 때문이다. 앞서 상세히 설명한 것처럼 고밀도지구 재건축은 용적률과 가격을 동력으로 추진하기 때문에 주변 아파트시세가 높지 않으면 재건축이 어렵다. 1기 신도시 기존 용적률은 180~210% 수준으로 높은 편이지만 주변 아파트가격은 재건축사업성을 충족할 정도로 높지 않다. 지역적으로 가격차가 있지만, 일부 지역을 제외하곤 재건축을 추진할 수 있을 정도로 아파트가격이 높지 않기 때문에 최악의 시나리오도 배제하기 어렵다고 말하는 것이다.

─ 수도권 2기 신도시, 지역별 흐림 ─

수도권 2기 신도시 주민들 역시 서울이 가까운 3기 신도시로 빠져나갈 것이라 예상되지만 1기 신도시보다는 적을 것이다. 새로 건설되는 신도시 위치 등을 감안하면 가격대에서 차이가 꽤 날 것이기 때문이다. 물론 지역에 따라 1기 신도시 못지않게 부정적인 영향이 큰 지역도 있다. 인천 검단신도시가 대표적이다. 검단신도시는 참여정부 당시 발표됐지만 10년 넘게 표류하다가 이제 막 분양을 시작하고 공사를 재개할 예정이다. 그러니 인천 계양, 부천 대장에 신도시를 건설하면 타격이 클 수밖에 없다. 파주 운정신도시도 마찬가지다. 아직 운정3구역은 분양공사 등 시행에 들어가지 못했기 때문이다. 따라서 2기 신도시도 3기 신도시건설로 인한 부정적인 영향이 적지 않을 것이다. 그러나 일부 지역을 제외하면 2기 신도시 아파트가격이 하락하더라도 하락폭은 크지 않을 것으로 예상된다.

― 수도권 3기 신도시, 맑음 ―

앞서 본 것처럼 서울과 가까운 곳에 건설되는 3기 신도시로 서울과 수도권 1~2기 신도시 주민들이 빠져나올 가능성이 높기 때문에 3기 신도시 아파트 흐름은 당연히 좋을 수밖에 없다. 다만 무려 86곳에 신도시와 아파트단지를 조성하기 때문에 지역별 편차는 클 것이다. 일부 지역은 미분양이 발생할 수도 있다. 2기 신도시를 건설할 때도 대규모 미분양 발생으로 도시건설이 상당히 지연되었듯이 이번에도 대규모 미분양사태가 발생할 수 있다. 또한 광역 교통대책 등으로 신도시건설이 지연될 수도 있다. 전체적으로 보면 3기 신도시 아파트 흐름은 양호할 것으로 예상되지만, 너무 많은 숙제를 안고 있는 무리한 계획이어서 개발과정에서 수많은 변수가 발생할 수 있으므로 속단하기는 어렵다.

대형아파트 몰락, 소형아파트 약진은 계속될까?

― 공급시장은 소형아파트 위주로 공급된다 ―

대형평형의 공급은 미미한 채 소형아파트 위주로 공급된 지 꽤 오래되었다. 2000년대 초반부터 약 10년 동안 대형아파트 위주였던 공급시장과는 상반되는 상황이다. 가격이 정체되거나 하락하고 환금성도 떨어지는 대형아파트가 몰락하고, 가격이 꾸준히 상승하고 환금성이 뛰어난 중소형아파트가 그 자리를 대신한다. 특히 $40m^2$ 미만 초소형아파트의 공급증가가 눈에 뛴다. 과거엔 주택건설회사가 초소형아파트를 원해서 짓는 일은 거의 없었다. 도시정비사업(재건축)에 관한 규정인 '소형아파트 의무비율' 때문에 어쩔 수 없이 끼워 넣었지만 늘 1순위에서 미분양돼 애물단지 취급을 받았다. 그래서 '강남쪽방'이라고 불리기도 했다.

그랬던 초소형아파트가 이젠 귀한 대접을 받는다. 이렇게 소형 아파트 공급물량이 크게 증가하는 상황에서도 여전히 '대형아파트 몰락, 소형아파트가 약진' 장세가 계속될까? 이 물음에 답하기 위해선 부동산시장의 변화를 먼저 살펴봐야 한다. 아이러니하게도 대형아파트 중심시장은 IMF 외환위기 발생에서 시작되었다. 외환위기가 발생하자 부동산가격이 폭락하고 내수경기가 극도로 침체되었다. 이에 정부(국민의 정부)는 침체된 내수경기를 되살리기 위해 분양가상한제 폐지, 분양권 전매 허용 같은 부양책을 시행했다. 경기부양책에 힘입어 부동산경기가 되살아났고, 이 무렵부터 대형아파트 중심시장이 형성되었다.

─ 대형아파트 중심시장은 외환위기 이후 시작되었다 ─

70년대부터 정부가 주택 공급정책을 강력히 추진하면서 아파트 평형규제(소형아파트 의무비율)도 병행했기 때문에 국민주택 규모, 즉 $85m^2$ 이하(수도권이 아닌 읍면지역 $100m^2$ 이하) 아파트가 많이 건설되었다. 아파트 형태도 판상형(복도식 · 계단식) 한 가지뿐인 데다가 2~3베이로 건설된 구형아파트는 쾌적한 주거환경을 제공하지는 못했다. 분양가상한제가 폐지되자 다양하고 격조 높은 아파트가 건설되었고 편리하고 쾌적한 주거환경에서 살고 싶은 인간의 기본적인 욕구가 분출하면서 너도나도 중대형아파트를 선호하는 바람에 중대형아파트 중심시장이 형성되었다. 도곡동 타워팰리스,

삼성동 아이파크, 잠실 캐슬골드, 여의도 리첸시아, 목동 하이페리온, 용산 파크자이런 등 다양하고 격조 높은 아파트가 건설되자 소비자들이 열광하면서 분양시장으로 몰려들었고 자연스럽게 대형아파트 중심시장이 형성되었다.

— 미국발 금융위기 이후 중소형아파트 중심시장이 되었다 —

2000년대 초반부터 중반까지는 전용 85㎡를 초과하는 중대형아파트가 소형아파트보다 보통 2배 이상 올랐다. 그만큼 당시엔 대형아파트의 투자가치가 높았다. 편리하고 쾌적한 주거공간에 살면서 돈도 벌 수 있으니, 대형아파트에 묻지마식 투자가 몰렸던 것이다. 하지만 2008년 미국발 금융위기 리먼 쇼크 발생과 MB정부의 보금자리주택 공급확대 등으로 집값 폭락사태를 겪은 이후, 소형아파트는 대부분 이전가격을 회복했지만 대형아파트는 아직도 전고점을 회복하지 못한 지역이 많다. 게다가 거래도 끊겨서 대형아파트에 투자했던 사람들은 투자 손실로 지금까지도 고통받고 있다.

강남에서 시작된 대형아파트 붐은 수도권으로 확산되었다. 용인시 수지, 신봉, 성복, 상형, 보정, 마북, 구성, 동백, 신갈, 보라지구가 연이어 개발되면서 대형아파트 위주의 단지가 들어서자 묻지마식 투자가 몰렸다. 지금은 대형아파트의 무덤이라고 표현될 정도로 침체를 벗어나지 못하고 있다. 용인에서 맨 처음 개발된 수지, 신봉, 성복, 상형 지구는 분양가격 또는 전 고점 수준까지

가격이 회복되었다. 이들 지역은 2003년경 3.3㎡당 분양가격이 400~600만 원으로 낮았다. (그러나 묻지마식 투자가 몰리자 불과 1년여 만에 3.3㎡ 분양가격이 1000만 원까지 수직상승했다.) 신분당선 개통과 광교신도시 개발호재 등에 힘입어 이들 지역의 아파트가격이 상승했기 때문이다.

─ 대형아파트 공급을 주도했던 지역이 대형아파트의 무덤이 되었다 ─

그러나 그 이후에 개발된 마북, 동백, 구성, 신갈, 보라지구 등 대부분의 아파트단지들은 아직도 분양가 또는 전고점을 회복하지 못한 곳이 많다. 당시 수지 지구의 연이은 분양 성공과 강남과 인접한 지리적 프리미엄 등의 영향으로 이들 지역의 분양가격이 3.3㎡당 1000~1500만 원으로 높았기 때문이다. 필자의 회사 역시 2000년대 중후반 파주·운정신도시에 아파트를 분양할 때 분양가상한제를 적용받았는데도 MB정부 당시 아파트가격이 추락한 이후 아직도 분양가를 회복하지 못했다. '천당 아래 분당'이라고 회자되는 분당신도시도 당시 부동산가격 상승을 주도했던 지역이지만, 분당신도시 역시 대형아파트 침체에서 벗어나지 못하고 있다. 분당신도시 대형아파트(133㎡)는 한때 3.3㎡당 3000만 원을 호가했지만, 지금은 전 고점 대비 20% 이상 가격이 떨어진 상태다.

─ 대형아파트가 생존할 지역은 강남과 핵심지역뿐이다 ─

2000년대 초중반 부동산 광풍을 주도했던 대형아파트는 아직도 많은 지역에서 분양가를 회복하지 못하고 있고, 그때 막차로 투자한 사람들은 지금도 그 대가를 혹독히 치르고 있다. 현재 전 고점을 확실하게 회복한 지역은 강남 3구와 용산 이촌 등 한강벨트선상의 핵심지역뿐이다. 따라서 이들 지역은 미래에도 대형아파트가 생존할 수 있는 지역이라고 봐야 한다. 여기에 강동구가 가세하고 있지만 인근의 하남미사, 위례 신도시에 대형아파트 공급이 증가하고 있으니 미래에도 생존할지는 미지수다.

반면 중소형아파트는 대형아파트의 몰락으로 반사이익을 얻고 있다. 이는 경제·사회적인 변화에 의한 영향이 적지 않아 보인다. 경기부진과 양극화로 중산층이 무너지고 노년층의 노후자금 부족으로 관리비가 많이 드는 대형아파트 거주를 기피하기 때문에 소형아파트가 반사이익을 보는 것이다. 그러나 투자자 입장에선 중소형아파트의 분양가격이 지속적으로 오르는 현상은 부담스럽다. 그리고 언론이 중소형아파트의 경제성을 강조하고 이를 이용해 건설사가 의도적으로 분양가를 올리면서 마케팅전략으로 이용하는 것도 경계할 부분이다.

05

대형아파트 가치가 살아날 곳은 어디일까?

── 대형아파트 가치 재평가는 쉽지 않다 ──

일부 전문가들은 '대형아파트의 공급물량이 급격하게 줄어들어 희소가치를 갖게 된다면 비핵심 지역의 대형아파트 가격이 오를 수 있다'거나 '건설사가 대형아파트 공급을 절대적으로 줄이고 있는 상황이 지속된다면 가격이 재평가될 소지가 있다'는 견해를 밝히고 있다. 부분적으로는 긍정하지만 쉽지 않아 보인다. 우리나라 1인당 주거면적은 33㎡(2014년), 평균 가구원 수는 2.53명(2015년)으로 가구당 평균 주택면적은 83.49㎡인 셈이다. 그러나 가구당 평균 주택면적의 2배가 넘는 대형아파트가 너무 많이 공급되었고, 2000년대 초중반에 집중적으로 건설되었기 때문에 아직 내구연한이 20~25년이나 남아 있다. 이런 점을 고려하면 건설사들이 대형아파트 공급물량을 늘리기가 쉽지 않아 앞으로 상당 기간 대형아파트 공급은 미미한 수준에 그칠 것으로 예상된다.

"대형아파트 공급물량이 급감하는 상황이 계속될 경우 대형아파트 가치는 재평가될 수 있을까요? 가치가 재평가된다면 어느 지역이 유망할까요?"요즘 이런 질문을 많이 받는다. 정확히 답하긴 쉽지 않지만 일부 지역의 대형아파트 가치는 재평가될 수 있다고 생각하며, 용인시 보정, 마북, 동백, 구성, 신갈, 보라지구 등이 유망해 보인다. 왜 그런지 찬찬히 보자.

─ 용인 보정·마북 신갈동 일대 ─

현재 이 지역은 경부라인과 분당선 등 편리한 교통에도 불구하고 분양가 또는 전고점을 회복하지 못했다. 그런데도 이곳을 대형아파트 가치가 재평가될 유망지역으로 보는 것은 다음과 같은 이유 때문이다. 수도권광역급행철도(GTX) A노선은 이미 정부 예산으로 착공해 2023년 완공될 예정이다. GTX A노선이 완공·개통되면 이 지역의 교통은 획기적으로 개선된다. 게다가 용인시가 이곳을 대규모 경제신도시로 만들 계획을 추진하고 있는 등 앞으로 자족도시로 발전할 것이 기대되기 때문이다. 용인시는 구성역(GTX 용인역) 주변 보정·마북·신갈동 일대 390만㎡를 경제신도시로 추진하기로 확정하고, 이런 내용이 담긴 용인도시기본계획을 만들어 경기도에 제출했다. 판교 테크노밸리의 5배나 되는 경제

신도시 계획이 승인되면 개발계획을 수립해 2021년 착공할 예정이다. 용인시의 경제신도시건설은 GTX 건설 효과 극대화 및 경제 활성화와 일자리 창출에 초점이 맞춰져 있다.

여기서 주목할 점은 용인시가 'GTX 개통 후 무계획적인 공동주택 개발을 막아 불필요한 사회·경제적 비용을 최소화하기 위한 것'이라는 점을 분명히 했다는 것이다. 즉 산업, 상업·업무시설을 확충하고 공동주택 건설을 억제하면 기존 주택의 가치는 상향될 수밖에 없다는 점이 중요하다. 실제로 용인시는 사업부지 80%를 산업용지(40%)와 상업·업무 시설용지(40)로 개발하는 계획을 수립했다. 산업용지는 정보기술(IT), 생명공학기술(BT), 문화산업기술(CT)을 융합한 4차산업 전진기지로 조성할 계획이다. 이렇게 개발될 경우 구성역 주변은 판교처럼 일자리 창출과 자족도시 발전이 기대되고, 따라서 이들 지역의 대형아파트 가치는 재평가(상향)될 것으로 전망된다.

— 과천 지역 —

그다음 유망지역은 과천이다. 과천은 행정구역상 경기도에 위치해 있지만 강남권과 인접한 지리적 조건 때문에 강남에 버금가는 주거선호 지역이다. 그러나 정부종합청사 이전과 아파트 노후화 때문에 그동안 침체를 겪어왔다. 다행히 재건축 추진에 걸림돌이었던 용적률 문제가 해결돼 현재는 아파트 재건축이 활발히 추진되고 있다. 과천은 1982년 정부 제2청사 입주 이후 집중적으로 아파트가 공급되었기 때문에 대부분의 아파트가 노후되었다. 게다가 저층아파트가 대부분이어서 재건축 시 기대수익이 높고, 정부의 안전진단 강화로 풍선효과가 더해진다. 과천은 관악산, 청계산, 우면산, 매봉산에 둘러싸인 쾌적한 자연환경과 남태령 고개만 넘으면 바로 강남과 맞닿는 지리적인 장점에다 서울외곽순환고속도로, 국도47호선, 지하철 4호선이 지나 교통과 접근성이 우수해서 75개 기초시 중 가장 우수한 주거환경을 갖춘 도시로 평가된다.

현재 추진 중인 GTX-C노선(의정부~금정)이 개통되면 교통환경은 더욱 좋아질 것이다. 첨단산업연구단지 조성 및 기업유치를 목적으로 '과천지식정보타운'을 건설하고 거기에 맞춰 지하철 4호선 정부청사역과 인덕원역 사이에 새로운 역(가칭 '과천지식정보타운역')을 신설할 예정이다. 뿐만 아니라 지하철 4호선 경마공원역 인근에 쇼핑, 업무, 숙박, 문화시설로 어우러진 복합시설인 '과천복합문화관광단지'도 2021년 완공을 목표로 건설될 예정이다. 따라서 좋은 환경과 개발호재로 과천의 발전이 예상되므로 과천의 대형 아파트 가치도 재평가될 것으로 전망된다.

── 판교신도시 ──

'천당 아래 분당'이라고 회자되는 분당의 아성을 가볍게 제친 곳이 판교신도시다. 판교는 다른 신도시에 비해 부동산가격 상승률이 높아서 11년 전 분양가격 대비 2배 이상 올랐다. 그런데 앞으로 더 상승할 가능성이 높다. 판교는 강남권과 인접한 지리적인 조건과 편리한 교통망, 최첨단 산업단지인 판교테크노밸리가 함께 조성돼 30~40대 젊은 고소득 · 전문직 종사자들을 대거 끌어들여 자족도시로 발전하고 있다. 게다가 제2 판교테크노밸리 조성이 완료되고 제3 판교테크노밸 조성이 추진 중이다.

특히 그동안 사업추진이 부진했던 알파돔시티 건설에 국내외 자본투자가 줄을 잇고 있다. 알파돔시티란 판교신도시 내 복합개발 사업으로 13만 7497㎡ 부지에 주거 · 판매 · 업무 · 방송 · 문화시설을 비롯해서 호텔, 백화점, 오피스텔 등을 조성하는 대규모 프로젝트다. 따라서 판교는 '한국의 실리콘밸리'로 발전할 것으로 기대된다.

판교는 교통도 편리하다. 신분당선 판교역을 이용하면 강남역까지 15분 내외로 도착할 수 있다. 분당선으로 환승하면 수원과 왕십리 방향으로 갈 수 있고, 경강선과 3호선을 환승하면 여러 방향으로 이동이 가능하다. 승용차를 이용할 경우에도 경부고속도로, 서울외곽순환도로, 분당내곡간 · 분당수서간 도시고속화도로를 통해 역삼, 삼성 등 주요 업무지역으로 30분 안에 이동이 가능하다. 2018년에는 경부~용인서울고속도로 연결이 예정돼 있고 삼성, 수서, 판교, 용인, 동탄을 연결하는 GTX 판교역(2021년 개통예정) 노선도 계획되어 있다. 이렇게 된다면 앞으로 판교가 교통의 중심지가 될 것이고, 따라서 판교신도시 대형아파트 가격도 재평가될 가능성이 높다.

그러나 다른 지역의 대형아파트 가치 재평가는 쉽지 않다. 앞서 언급한 것처럼 MB정부의 보금자리주택 등의 영향으로 집값 추락을 경험한 이후 소비자들의 인식이 소유개념에서 사용개념으로, 비실용적 사고에서 실용적 사고로 전환됨에 따라 세금 등 고정비 지출이 많은 대형아파트는 거주도 부담되고 임대도 어렵기 때문이다.

06

소형아파트 약진은 진짜 쭉 계속될까, 왜?

— 경제·사회적 변화에 의한 중소형아파트의 약진 —

앞서 본 것처럼 대형아파트 관망, 소형아파트 약진 장세가 지속되고 있다. 2016년을 기준으로 서울과 수도권 대부분 지역에서 중소형(85㎡ 이하, 33평)아파트 3.3㎡당 매매가격이 중대형아파트 가격을 넘어섰다. 아파트 평형이 클수록 가격차가 더 큰 것으로 나타났다. 공급시장도 대형아파트 공급물량은 미미하고 대부분 중소형아파트만 공급한다. 서울, 수도권 일부 지역에선 전용 60㎡ 이하 소형아파트 매물이 부족할 정도로 인기가 높다. 따라서 현재 주택시장은 전용 85㎡ 이하 평형이 주를 이루고 있다. 이런 현상은 무엇보다도 경제·사회적인 변화와 소비자의 인식변화가 큰 원인으로 보인다. 즉 경기침체와 소득감소 같은 경제적인 변화, 출산율

감소와 노령인구 증가 같은 사회적인 변화가 영향을 미치고 있고, 노령세대는 노후자금 부족으로 청년세대는 소득감소로 관리비가 적게 드는 소형아파트를 더 선호하게 되었다. 여기에 정부의 발코니 확장 합법화도 소형아파트 약진에 한몫하고 있다.

─ 발코니 확장 합법화도 중소형아파트 약진에 한몫한다 ─

2005년 정부가 발코니 확장 합법화를 발표하자 시장에선 '소형아파트와 중대형아파트의 가격 격차가 더 커질 것'이라는 비판의 소리가 높았다. 하지만 실제로 나타난 현상은 중소형아파트의 가치를 더 높이는 역할을 하고 있다. 예를 들어 전용 85㎡ 아파트 발코니를 확장하면 대략 16.5㎡가 늘어나 101.5㎡(38평형)과 같은 면적을 전용으로 사용할 수 있다. 그러면 굳이 많은 돈을 투자해 중대형아파트를 구입하지 않아도 된다. 85㎡ 이하는 국민주택(수도권)이어서 세제상 혜택(부가세면제 등)이 있고, 각종 비용지출이 적어 실용적이다. 이런 이유로 소비자가 소형아파트를 선호하는 것이 사실이지만 그보다 더 큰 이유는 거주보다 재산증식의 목적이 더 크기 때문이다. 즉 가격상승폭이 큰 중소형아파트를 구입해야 재산증식에 도움이 된다.

─ 중소형아파트 단위당 매매가격이 중대형보다 높다 ─

2016년을 기준으로 봤을 때 서울 대부분 지역에서 전용 85㎡

이하 중소형아파트(재건축아파트 제외) 3.3㎡당 매매가가 중대형아파트보다 비싸다. 강남(서초구)의 중대형아파트 매매가는 3.3㎡당 2874만 원인데 중소형아파트 매매가는 3084만 원으로 300만 원이나 높다. 2015년 119만 원이었던 격차가 점점 더 벌어지고 있는 것이다. 이처럼 중소형이 중대형보다 가격상승폭이 크기 때문에 더 선호하는 것이다. 사람들에게 살기 좋은 아파트와 가격이 오르는 아파트 중 어느 아파트가 좋으냐고 물으면 십중팔구는 가격이 오르는 아파트가 좋다고 할 것이다. 주택에 대한 사람들의 인식이 이렇기 때문에 아파트는 주거공간의 개념을 넘어서 투자이익까지 얻을 수 있는, 즉 두 마리 토끼를 다 잡을 수 있는 아파트라야 좋은 아파트라는 소리를 듣는다. 가격상승폭이 더 큰 중소형아파트에 매수세가 몰리는 것은 너무나 당연하다.

─ 아파트가격 양극화는 갈수록 심화된다 ─

하지만 무조건 소형아파트 가격이 오를 거라고 투자하는 것은 매우 위험하다. 현재 소형아파트가 부동산시장을 주도하는 것은 분명하지만, 오르는 곳만 오르고 정체되거나 하락하는 지역도 많다. 양극화가 점점 심화되는 것이다. 과거에는 강남이나 강북같이 큰 지역단위로 가격차가 발생했지만, 최근에는 같은 구에서도 지역에 따라 가격차가 발생한다. 예를 들면 역세권, 대학교 인근, 공단 주변처럼 주거수요가 많은 지역과 여타지역 간의 차이가 크다.

또 한 가지 중요한 것은 이미 수년째 중소형아파트 위주로 공급되는 시장이 앞으로도 상당 기간 그럴 것이라는 점이다. 중소형아파트 공급이 계속 증가할 경우 가격변화는 불가피하다. 수요공급의 균형에 의해 물건가격이 결정되는 시장원리에 비추어보면 장기적으로 중소형아파트 가격은 상승보다 하락에 무게가 실린다.

─ 소형아파트 가격 상승세는 이어진다 ─

물론 다른 면으로 볼 수도 있다. 정부의 전방위적인 규제로 미분양 물량이 대폭 증가하고 있다. 지방뿐만 아니라 수도권에서도 미분양 물량이 대폭 늘어나고 있는 상황에서 건설사들이 공급을 계속하기는 쉽지 않다. 만일 이런 이유로 공급이 감소된다면 전체 아파트에서 소형아파트가 차지하는 비중이 축소되어 소형아파트의 가격 상승세는 이어질 것이다.

최근의 부동산가격은 일률적으로 상승 또는 하락하지 않고 지역에 따라 각각 다른 가격 양상을 보인다는 점도 염두에 두어야 한다. 과거 부동산투자는 매매차익 위주였지만, 최근엔 운영(임대) 목적 투자 등 투자패턴이 다양해졌다. 거주하기 편리한 곳에 임대수요가 몰리고, 임대수요가 많은 곳에 투자가 집중되기 때문에 당연히 매매가도 상승한다. 그러나 이런 지역은 아파트가격이 너무 높다는 단점이 있다. 매매가가 비싸면 임대수익률이 떨어지고 임대회전율도 떨어진다. 가격도 비탄력적으로 움직이기 때문에 투자매력이 감소된다. 따라서 비교적 매매가가 높지 않으면서 주거(임대) 수요가 괜찮은 지역을 찾아 적당한 가격에 투자해야 임대수익률과 임대회전율을 높일 수 있고, 투자수익률도 높일 수 있다.

2장

그래도 재건축·재개발투자가
돈이 된다

01

재건축·재개발투자 지금 해도 될까?

─ 재건축 · 재개발투자는 고수익을 실현한다 ─

대부분의 부동산 전문가들은 2007년 주택가격이 고점을 찍은 이후 아파트가격 대세상승기는 지났다고 본다. 실제로 지난 10여 년 동안 우리 주택가격은 소폭상승에 그쳤다. 가격이 꽤 상승한 지역도 있긴 하지만, 가격이 하락하거나 정체된 지역이 많고 공가 (空家) 발생도 점차 늘고 있다. 이런 상황이라 지금은 부동산투자로 높은 수익을 실현하는 게 쉽지 않다. 그러나 재건축 · 재개발투자라면 좀 다르다. 2003년 처음 시행한 저밀도지구 아파트재건축에서 조합원과 투자자들은 엄청난 돈을 벌고 바로 부자대열에 들어갔다. 그래서 재건축 · 재개발사업을 '황금알을 낳는 거위' 또는 '부동산투자의 꽃'이라고 한다. 그런데 문재인 정부 출범 후 재건축시장은 혼란에 빠졌다. 문재인 정부가 부동산시장과의 전쟁을 선포하고 전방위적으로 규제를 강화하고 있기 때문이다.

정부가 규제하려는 핵심 대상은 '재건축·재개발사업'과 '다주택자'다. 서울 전 지역을 투기과열지구로 지정했는데 특히 재건축시장의 중심인 강남3구를 포함한 서울 11개 자치구는 규제 강도가 가장 강력한 투기지역으로 정하고 청약, 거래, 대출, 세금 등 정부가 동원할 수 있는 모든 수단을 동원하고 있다. 급기야 분양가상한제와 재건축 초과이익 환수제를 시행하기에 이르렀다. 그러나 지난해인 2018년 부동산시장은 롤러코스터를 방불케 할 정도로 등락을 거듭했다. 특히 서울은 잇따른 부동산대책과 경기 위축에도 불구하고 꾸준히 상승세를 이어갔다.

하지만 9.13대책 이후 사정은 다시 달라졌다. 한국감정원이 발표한 2019년 2월 주택가격 동향에 따르면 서울 아파트 매매가격은 2018년 11월 둘째 주 이후 14주 연속 약세를 보이는 것으로 나타났다. 2018년 가을까지 펄펄 끓던 부동산시장이 9.13대책 이후 꺾인 것이다. 강력한 규제로 거래절벽 현상이 나타나면서 매매가가 하락하고 전세가격도 급격히 하락하자 이번에는 '역(逆)전세난'을 우려하는 소리가 시장을 뒤덮고 있다.

─ 높은 수익창출 구조 때문에 재건축에 투자가 몰린다 ─

이처럼 부동산시장이 요동치고 있는데도 여전히 재건축에 대한 관심이 뜨거운 이유는 뭘까? 재건축의 높은 수익창출 구조 때문이다. 주택가격 대세상승기가 지난 지금이라도 재건축투자는 여전히 높은 수익을 기대할 수 있다. 이젠 과거 저밀도지구 재건축과 같은 높은 개발이익은 불가능한데도 여전히 재건축에 투자가 몰리는 이유는 재건축 이후의 미래가치가 높기 때문이다. 조합원 지위를 가졌거나 조합원 지위를 양도받은 사람은 원하는 평형과 층고를 선택할 수 있고, 이전보다 더 넓은 평형을 배정받을 수도 있으며, 재건축 완공·입주 후 새 아파트가격이 천정부지로 치솟아 높은 양도차익을 덤으로 안겨주니 그야말로 '꿩 먹고 알 먹고'다. 지금은 정부의 전방위적인 규제로 부동산가격이 하락하고 있지만 일정 기간이 지나면 다시 상승한다고 보는 것이다. 아파트 매매가격이 하락하면서 역전세난을 우려하는 소리가 시장을 뒤덮고 있는데도 앞으로 아파트가격이 다시 상승한다고 믿는 이유를 자세히 보자. 앞에서도 다루었지만 재건축시장에 대한 이해는 너무 중요하기 때문에 여기서 한 번 더 반복한다.

─ 우리 부동산시장은 구조적인 문제점을 안고 있다 ─

앞서 본 것처럼 우리 부동산시장은 '낡아가는 도심과 새 아파트 공급 부족'이라는 구조적인 문제를 안고 있다. 도심의 주택이 낡아가면서 새 아파트에 대한 소비자의 열망이 대단하지만, 강남을 비롯한 대도시 도심은 택지개발이 불가능하고, 오로지 재건축·재개발을 통한 공급만 가능하다. 실제로 서울은 90%에 가까운 분양물량이 재건축·재개발사업을 통해 공급된다. 따라서 서울을 비롯한 대도시 도심에서 새 아파트를 분양받기 위해서는 재건축·재개발을 통하지 않고는 다른 방법이 없다. 이것이 우리 부동산시장이 안고 있는 구조적인 문제다.

소비자가 낡고 불편한 것보다 깨끗한 새것을 좋아하는 것은 너무나 당연하고, 고급 주거공간인 새 아파트를 구입할 수 있는 유일한 통로가 재건축·재개발이니 투자가 몰리는 것도 당연하다. 그런데 정부가 이에 대한 근본적인 대책 없이 규제만 강화하기 때문에 앞으로 부동산가격이 상승한다고 보는 것이다.

─ 지금 부동산 상황은 참여정부 때와 비슷하다 ─

그리고 지금 부동산 상황은 참여정부 때와 너무나 흡사하다. 분양가상한제가 전면 폐지된 2000년 이후 아파트 품질은 혁신적으로 좋아졌다. 참여정부 당시 소비자들은 혁신적으로 바뀐 새 아파트에 열광하면서 분양시장에 몰려들었다. 마치 스마트폰이 처음 시장에 출시될 때 스마트폰을 사기 위해 밤새며 줄을 서던 것과 비슷한 상황이었다.

당시 참여정부는 이런 소비자의 욕구를 간파하지 못했거나 간과했다. 투기세력이 가격상승의 원인이라는 생각에 매몰돼 각종 규제를 총동원했고, 결국 부동산시장을 안정시키지 못했다. 현 정부의 부동산정책도 비슷하다. 문제의 본질은 새 아파트의 공급 부족이다. 그런데 이에 대한 대책 없이 규제만 강화한다면 결과는 참여정부 때와 다르지 않을 것이다. 소비자는 바보가 아니다. 강남의 재건축아파트 가격은 엄청 비싸다. 대충 잡아도 20~30억 원을 투자해야 한다. 그런데도 소비자들이 그 큰돈을 재건축에 투자할 때는 그만한 가치가 있다고 판단하기 때문이다. 그리고 항상 소비자들의 선택이 옳았다.

─ 항상 소비자들의 선택이 옳았다 ─

참여정부 당시 정부는 강남 아파트가격은 버블이고 투기적 수요가 아파트가격 상승의 주원인이라고 규정했다. 당시 강남 아파트를 구입한 사람들은 모두 큰돈을 벌었다. 국내 아파트가격은 2000년 1월을 100으로 가정했을 경우 전국적으로는 2008년 8월에 234를 기록했다. 서울은 292를 기록해 평균 3배 이상 상승했다. 문재인 정부도 참여정부 때처럼 주택가격 상승의 주원인을 투기적 수요로 보고 메가톤급 규제를 퍼붓고 있지만, '낡아가는 도심과 새 아파트 공급 부족'이라는 구조적인 문제에 대한 근본적인 대책이 없는 한 주택가격 안정은 어려울 것이다.

정부가 문제의 본질에 대한 대책 없이 계속 규제만 강화한다면 강남 재건축아파트 가격안정은커녕 오히려 공급축소로 이어져 장기적으로는 더 큰 폭으로 상승할 것이다. 이미 우리 부동산정책은 택지개발보다는 재건축·재개발을 통한 정비사업 쪽으로 공급을 전환하고 있다. 택지개발은 사실상 2014년부터 중단되었지만, 정비사업지구와 도시재생사업지구는 점차 확대되고 있다. 전국의 주택재건축사업조합은 3296개소로 이중 약 80.2%인 2642개가 서울에, 6.2%인 204개가 경기도에 있다. 게다가 서울과 수도권, 지방 대도시에 지정된 뉴타운(재개발) 지구까지 합치면 그 면적은 엄청나다. 특히 서울은 도시재생사업지구를 점차 늘려가고 있는 상황이다.

─ 재건축·재개발투자는 여전히 유망하다 ─

물론 도시재생사업은 주택을 공급하는 것이 목적은 아니다. 도시의 원래 모습을 유지하면서 낡은 시설과 주거지 등을 정비하여 쾌적한 환경을 만드는 사업이다. 반대로 보면 우리 도시의 노후화가 이미 많이 진행되었다는 것을 의미한다. 문재인 대통령의 공약에도 도시재생사업이 포함되어 있다. 구체적으로는 100개의 구도심 및 노후화된 마을을 선정해 매년 10조 원씩 향후 5년간 투입하겠다는 계획이다.

1988년 이후 한꺼번에 건설한 주택 200만 호가 2~3년 후엔 모두 30년이 넘은 노후아파트가 된다. 도시의 노후화는 더 급속하게 진행될 것이고, 재건축·재개발의 중요성은 더 커질 수밖에 없다. 이에 대한 근본적인 대책 없이 규제만 강화한다면 잠시 주택가격이 하락하겠지만 일정 기간이 지나면, 정확히는 현재 진행 중인 재건축아파트 완공된 이후에는 재건축아파트 가격이 다시 상승할 것으로 예상된다. 앞으로 대략 10~15년, 상당 기간 강남 등 대도시 도심지역은 재건축 · 재개발 외에 다른 공급이 없으므로 재건축 · 재개발이 부동산시장을 주도할 수밖에 없고, 따라서 재건축 · 재개발투자는 여전히 진행형이고 유망하다고 본다.

02

재건축 · 재개발 투자에 앞서 이것만은 알고 가자

― 재건축·재개발 투자유형 2가지 ―

정부의 전방위적인 부동산규제로 재개발 · 재건축사업에 어려움이 많지만 옥석을 가려서 투자한다면 여전히 높은 수익창출이 가능하다. 재건축 · 재개발투자는 크게 2가지 유형으로 나뉜다.

첫 번째, 재건축 · 재개발사업이 구체적으로 추진되기 이전에 미리 해당 아파트 또는 토지 · 건축물을 저렴한 가격에 사두었다가 사업이 구체화되면서 가격이 상승하면 처분해서 매매차익을 얻는 경우다.

두 번째, 사업추진이 구체화된 이후에 해당 단지의 아파트 또는 토지 · 건축물을 매입하여 관리처분 인가 후 입주권을 처분해 매매차익을 남기거나, 완공 · 입주(이전고시) 후 새 아파트를 처분해서 양도차익을 남기는 경우다.

　재건축 · 재개발투자도 일반투자와 마찬가지로 정석으로 해야 한다. 입지(대상지역) 선택, 매입 · 매도 시점, 단지의 규모, 사업진 행 정도, 무상지분율과 비례율, 시공사 선정 등을 고려해 투자해야 투자가치를 극대화할 수 있다는 말이다. 거기에 기존 용적률이 낮 고, 고분양가를 책정할 수 있는 단지나 구역을 찾아내 투자하면 높 은 개발이익을 기대할 수 있다. 그러나 정부규제 때문에 자유로운 투자는 불가능하게 되었다. 투자에 가장 큰 걸림돌은 재건축 · 재 개발사업의 거래제한이다.

─ 재건축·재개발의 거래제한 ─

　재건축 · 재개발투자 시 주의할 점은 조합설립 · 관리처분 이후 재산권 행사가 달라진다는 것이다. 재건축사업은 조합설립 이전까 지는 실물(아파트)이 거래대상이나, 조합설립 이후에는 조합원 지 위가 거래대상이다. 재개발은 관리처분(사업시행인가) 단계를 거치 기 전에는 실물(토지 · 건축물)이 거래대상이나, 이후에는 조합원 지 위(입주권)가 거래대상이다.

　그런데 정부가 재건축사업은 조합설립인가를 받은 조합원 지위 양도를 금지하고, 재개발사업은 관리처분인가를 받은 조합원 지위 양도를 금지하는 규제를 시행하고 있다. 지금까지는 투기과열지구 내 재건축조합원 지위만 양도를 금지했었는데, 재개발조합원 지위 양도 금지 등을 담은 「도시 및 주거환경정시법」을 개정해 2017년 9월 28일 국회를 통과했고, 2018년 1월 24일부터 재개발사업의 조합원 지위도 양도가 금지되었다. 재건축과 재개발의 규제대상이 다른 이유는 「도시 및 주거환경정비법」의 규정이 다르기 때문이다.

재건축사업 대상이 되는 아파트의 경우는 집합건물로서 조합원의 자산이 평형에 따라 완전히 동일하지만, 재개발사업 대상인 토지·건물은(조합원의 종전자산) 모두 다른 특징을 가지고 있어 적용하는 규정이 다르다.

재건축조합설립은 추진위원회가 「도시 및 주거환경정비법」 규정이 정하는 비율의 구분소유자 동의를 얻어 시장·군수의 인가를 받아 설립한다. 이때 추진위원회가 조합설립을 위해 받는 동의서는 재건축결의에 해당되는 사안이기 때문에 ① 건설되는 건축물의 설계 개요, ② 공사비 등 정비사업에 드는 비용 및 비용의 분담에 관한 사항, ③ 사업완료 후 소유권의 귀속에 관한 사항, ④ 조합정관 등을 명시하여 서면동의서(인감증명서 첨부)를 준비해야 한다. 따라서 조합원은 이 단계에서 개략적인 비용분담 내용과 사업완료 후 자신에게 귀속되는 재산의 내용을 알 수 있다.

반면, 재개발조합설립은 추진위원회가 재개발구역 내 토지 등 소유자의 3/4 이상 및 토지면적 1/2 이상의 토지소유자 동의를 얻어 시장·군수의 인가를 받아 설립한다. 사업시행인가 후 관리처분인가를 받은 조합원에게는 입주권이 주어진다. 시행자(조합)는 법정기일(60일) 안에 관리처분계획을 해야 하고, 총회개최 1개월 전에 법률이 정하는 사항을 각 조합원에게 문서로 통지하기 때문에 조합원들은 관리처분계획을 할 당시 자기부담금을 알 수 있고, 만일 조합원들이 자기부담금이 벅차다고 여겨 과반수 이상이 재개발을 반대하면 사업이 취소될 수 있다.

─ 예외조항으로 거래가 가능한 항목에 주목해야 한다 ─

이런 「도시 및 주거환경정비법」의 규정과 절차상의 차이 때문에 재건축 조합원 지위는 조합설립인가 후부터 준공인가(이전고시) 때까지 양도가 금지되고, 재개발 조합원 지위(입주권)는 관리처분인가 후부터 준공인가(이전고시) 때까지 금지된다. 투자할 입장에서 보면 재건축은 조합설립인가 단계를 거치지 않은 단지는 규제대상이 아니고, 재개발은 관리처분 단계를 거치지 않은 단지는 규제대상이 아니라 거래가 가능하다는 말이다.

또 조합원 지위 양도금지의 예외조항에 의한 양도도 가능한데 정부가 이를 강화하기 위해 「도시 및 주거환경정비법」 시행령을 개정했다. 개정된 내용에 의하면 다음과 같은 경우에는 조합원으로서 새 아파트를 받을 수 있다. 송파구 잠실 주공5단지와 강동구 둔촌 주공아파트가 이에 해당한다.

① 조합설립인가일부터 3년 이내에 사업시행인가 신청이 없는 주택재건축사업의 건축물을 3년 이상 계속하여 소유하고 있는 경우

② 사업시행인가일부터 3년 이내에 착공하지 못한 주택재건축사업의 토지 또는 건축물을 3년 이상 계속하여 소유하고 있는 경우

③ 착공일부터 3년 이내에 준공되지 아니한 주택재건축사업의 토지를 3년 이상 계속하여 소유하고 있는 경우

④ 10년 소유 5년 거주한 1가구 1주택자(신설)의 경우에 해당하는 양도자로부터 건축물 또는 토지를 양수하는 경우

03

재건축 vs 재개발사업의 무상지분율과 비례율, 실제 계산사례

— 재건축·재개발사업의 개발이익 분배방식은 다르다 —

　재건축 · 재개발사업의 '개발이익'은 개발사업을 통하여 공급되는 아파트 및 부대 · 복지시설의 총 분양가격에서 건립에 필요한 제반비용을 제외하고 남는 비용을 의미한다. 일반적인 부동산 개발사업에서 개발이익은 토지소유자에게 귀속되지만 재건축 · 재개발사업의 사업시행자는 조합이고, 조합은 구역 내 토지와 건물을 소유하고 있는 다수의 사람들로 구성되기 때문에 개발이익은 조합원에게 분배된다. 그러나 조합원의 자산은 동등하지 않고 각각 다르기 때문에 재건축의 무상지분율과 재개발의 비례율은 개발이익을 분배하는 방식이다.

　재건축과 재개발사업이 동일한 기준을 사용하지 않고 무상지분율과 비례율로 다른 개념을 사용하는 것은 각 사업의 조합원이 가지고 있는 종전자산의 기준이 다르기 때문이다. 즉 재건축사업 대상이 되는 아파트는 집합건물로서 조합원의 자산이 평형에 따라 완전히 동일하지만, 재개발사업 조합원의 종전자산은 동일한 기준 없이 모두 다르다. 이러한 차이로 재건축사업은 조합원이 소유하고 있는 '대지의 크기'를 기준으로 개발이익을 배분하는 방식을 사용하며, 재개발사업은 각기 다른 가치를 가지고 있는 조합원의 권리를 '감정평가'한 금액을 기초로 개발이익의 배분기준을 마련한다.

1) 재건축사업과 무상지분율

재건축사업에서 '무상지분율'이란 대지평수를 아파트평수로 바꾸는 비율이다. 재건축의 개발이익은 재건축·재개발사업을 완료할 경우 예상되는 분양수익에서 재건축사업에 필요한 비용을 제외한 금액을 개발이익으로 산정하며, 이 개발이익을 전체 사업부지로 나누면 단위면적당(대지지분당) 개발이익을 계산할 수 있다.

재건축아파트의 수익분석에서 가장 중요한 문제는 분양수익과 재건축사업에 소요되는 비용을 추산하는 것이다. 분양수익은 사업부지 면적에 재건축사업에 적용되는 용적률을 계산하여 소형주택의 의무비율을 적용한 건립세대를 산출한 후 이를 주변 아파트가격을 기준으로 분양가를 산출하여 계산할 수 있다. 재건축에 소요되는 비용은 도급공사를 비롯한 각종 비용을 추산하여 계산하는 방식을 사용한다. 산출된 개발이익은 전체 사업부지 면적으로 나누어 단위면적당 개발이익을 산출하고, 이를 조합원의 대지지분으로 곱하여 조합원의 권리가액을 산출한다. 재건축으로 공급되는 아파트 분양가격에서 조합원의 권리가액을 빼면 추가분담금이 되고, 현재의 매매가격에서 추가분담금을 더하면 총투자금액을 계산할 수 있다.

대지평수×대지면적당 개발이익=아파트 평수×평당 분양가(등가원칙 성립)
대지평수×(대지면적당 개발이익/평당 분양가)=아파트 평수
대지평수×무상지분율=아파트 평수

무상지분율=대지면적당 개발이익÷평당 분양가
무상지분율은 대지평수를 아파트평수로 바꾸는 비율
(대지면적당 개발이익에 상응한 분양면적 비율)
무상지분율={(분양수입-공사비)÷대지면적}÷평당 분양가

무상지분율은 개별 조합원이 자신이 소유하고 있던 대지지분을 기준으로 받게 되는 개발이익 비율이다. 예컨대 조합원 A가 대지지분 20평의 아파트를 소유하고 있고 재건축사업의 무상지분율이 120%라면 조합원 A는 자신의 대지지분 20평에 무상지분율 120%를 곱한 24평 아파트를 무상평형으로 제공받게 되는 것이다.

2) 무상지분율의 계산사례

재건축사업에서 무상지분율을 계산하려면 사업조건 확정이 필

요하다. 무상지분율은 해당 재건축사업에서 발생하는 개발이익을 전체 사업부지의 면적으로 나누는 것이라 사업조건이 확정되지 않으면 계산할 수 없다. 예를 들어, 재건축사업지역의 전체 대지면적이 10000평이고, 용적률은 250%라고 가정하자. 재건축을 통해 공급되는 아파트 분양가는 평당 800만 원이 예상되고, 재건축에 필요한 비용은 평당 400만 원이라고 했을 때 개발이익을 추정하면 무상지분율은 다음 표와 같다.

[무상지분율 계산사례]

구분	내용	비고
사업부지 면적	25,000평	10,000평 250%
분양수익	20,000,000만 원(2천억)	25,000평 800만 원
개발비용	10,000,000만 원(1천억)	25,000평 400만 원
대지지분당 개발이익	1,000만 원	10,000,000만 원/10,000평
무상지분율	125%	1,000만 원/800만 원

대지지분 20평을 소유한 조합원 A가 33평형 아파트를 신청했다면, A는 전체 분양금액 중에서 자신의 무상평형(20평×125%=25평)을 제외한 나머지 면적에 대해서만 분양금액을 납부해야 한다. 즉, 33평형에서 25평을 뺀 나머지 8평의 분양금액은 평당 800만 원으로 총 6400만 원의 추가부담금을 납부하는 것으로 계산된다.

3) 재개발사업과 비례율

재개발사업 비례율 역시 재개발을 통한 개발이익을 조합원들에게 배분하는 방식을 의미하여, 계산 공식은 다음과 같다.

비례율
개발이익(=사업완료 후 대지 및 건축물의 총추산액-총사업비 종전 토지 및 건
축물의 총가액
분양기준가액(=종전 토지 및 건축물 평가액×비례율)

예컨대, 재개발구역의 분양수익이 1000억 원, 총사업비 500
억, 종전자산 평가금액이 400억 원이라면 비례율은 125%(500억
원/400억 원×100)가 된다. 조합원 A의 종전자산 평가금액이 6000
만 원이었으면 최종권리가액(분양기준가액)은 7500만 원(6000×
125%)이다. 이때 조합원 A가 분양가격 18000만 원인 25평 아파
트에 분양신청을 했다면 조합원 A의 추가부담금은 10500만 원이
되는 것이다.

— 투자성이 높은 재건축·재개발구역 —

앞서 본 것처럼 무상지분율과 비례율이 높은 재건축·재개발구
역이 투자성이 높은 곳이다. 무상지분율과 비례율이 높으려면 개
발이익이 많아야 하고, 개발이익을 늘리려면 고분양가 책정과 일
반분양 물량이 많아야 한다. 따라서 재건축·재개발투자에서 '입
지'는 높은 분양가를 책정하는 데 가장 중요한 조건이며, '용적률'
은 보다 많은 분양대상물을 만들 수 있는 조건이 된다. 결국 입지

와 용적률이 사업성을 좌우한다고 볼 수 있다. 그리고 재건축·재개발에서 분양수입은 분양주체에 따라서 조합원분양과 일반분양으로 구분되는데 일반분양은 조합원분양을 우선 진행하고 남는 분양물량이다. 조합은 개발수익을 극대화하기 위해 최대한 높은 분양가를 책정하려고 하지만, 시장에서 분양이 가능하고 허가관청의 분양승인을 받을 수 있는 범위에서 높여 잡는 것이 일반적이다.

비례율과 무상지분율이 높아야 투자수익도 높다. 조합원 분양가는 전체 재건축·재개발사업에 필요한 비용에서 일반분양 수입을 제외한 나머지 부분을 조합원에게 평형과 동호수에 따라 배분하는 방식으로 결정된다. 따라서 일반분양이 많다는 것은 그만큼 조합원 부담이 줄어드는 것을 의미한다. 반대로 일반분양이 거의 없는 단지라면 개발에 필요한 비용을 모두 조합원이 부담해야 하기 때문에 조합원 부담이 클 수밖에 없다. 이처럼 입지와 용적률은 사업성을 좌우한다. 그런데 2005년 이후 강남 재건축사업은 용적률보다 주변의 아파트가격이 더 많은 영향을 미치는 것으로 나타났다. 정부가 재건축·재개발의 적용 용적률을 낮춰 개발이익이 축소된 반면, 주변의 높은 아파트가격 덕에 고분양가를 책정할 수 있었기 때문이다.

저밀도지구 재건축사업이 마무리된 지금은 기존아파트 용적률이 180~210% 수준이고, 서울시가 재건축 기본 용적률을 230%로 하향 적용했기 때문에 사실상 1대1 재건축을 하게 된다. 따라서 용적률에 의한 개발이익에는 한계가 있다.

고밀도지구 재건축은 용적률과 가격을 동력으로 추진한다. 주변의 아파트가격이 높으면 고분양가 책정이 가능하지만 과거 같은 높은 개발이익은 불가능하기 때문에 조합원 부담이 늘어나는 경우가 많다. 2015년 하반기에 완공한 래미안대치팰리스(대치동 청실아파트 재건축)는 기본 용적률과 인센티브를 합친 적용 용적률이 258.65%이었다. 이 경우 기존 76m^2 아파트가 84m^2로 옮겨갈 때 약 2억 원의 추가분담금을 냈다. 이처럼 최근의 재건축·재개발사업은 개발이익이 축소된 반면 높은 분양가를 동력으로 사업을 추진해왔다. 그러나 정부가 분양가상한제와 초과이익환수제 시행에 들어갔기 때문에 개발이익 축소는 불가피하다. 따라서 앞으로 재건축·재개발사업은 이전 완공 이전·이후 자산가치 상승(양도차익)을 동력으로 사업이 추진될 것으로 보인다.

강남 재건축을 규제하기 위해 정부는 모든 규제를 총동원하고 있지만, 재건축 완성(이전고시) 이후까지 규제할 수는 없다. 구체적으로 보면 정부는 재건축·재개발 조합설립단계 또는 관리처분단계부터 건물완공·입주까지 규제할 수 있을 뿐 재건축 완성 이후 아파트 양도까지 규제할 수는 없다는 말이다. 단, 정부가 양도소득세를 중과세할 수는 있다. 그러나 1가구 1주택자로서 일정 규모 이하인 경우 양도소득세가 면제되기 때문에 규제의 사각지대는 여전히 존재한다.

04

재건축·재개발투자 어떻게 해야 돈이 될까?

— 규제 사각지대와 규제를 비켜 간 단지를 찾아라 —

앞서 본 것처럼 정부가 재건축 · 재개발사업에 대해 이중 삼중의 규제를 가하고 있기 때문에 정부의 규제를 비켜 간 단지 또는 규제 사각지대를 찾아서 투자하면 대박 투자도 가능하다. 그러나 무작정 투자했다간 큰 손해를 볼 수도 있다. 첫 번째 관문은 거래제한을 피해 투자하는 것이다. 거래제한이 적용되는 재건축단지 또는 재개발구역의 수익률이 높기 때문이다.

거래제한을 피해서 투자하는 방법은 크게 3가지다. 첫 번째는 투기과열지구로 지정되지 않은 지역에 투자하는 것인데, 이 경우는 입지가 투기과열지구로 지정된 지역보다 대체로 못하다는 점과 언제든 추가로 투기과열지구로 지정될 가능성이 있다는 점 등을 고려해야 한다. 두 번째는 투기과열지구 내에서 조합설립인가 단계 또는 관리처분인가 단계를 거치지 않은 단지에 투자하는 것인데, 현재 시점에서 가장 좋은 방법이다. 세 번째는 조합원 지위 양도금지 예외조항에 의해 투자하는 것인데, 이 경우는 매물이 제한적인 데다가 높은 프리미엄을 요구하기 때문에 투자에 어려움이 있다.

― 무상지분율과 비례율이 높은 단지에 투자하라 ―

투자성이 높은 재건축 · 재개발단지나 구역에 투자해야 한다. 투자성이 높다는 것은 무상지분율과 비례율이 높다는 것을 의미하는데 무상지분율과 비례율이 높으려면 고분양가 책정이 가능하고 일반분양 물량이 많아야 한다. 따라서 높은 분양가 책정이 가능하고 기존 용적률 대비 허용용적률 격차가 큰 재건축 · 재개발 단지(구역)가 투자성이 높다. 그러나 이런 요건을 갖춘 단지나 구역의 부동산가격은 매우 높게 형성되기 때문에 투자성이 높다고 무작정 덤비면 안 된다. 부동산투자 매커니즘은 매우 복잡하기 때문에 여러 요소를 종합적으로 분석검토한 후 투자해야 수익실현이 가능하다.

아쉽지만 이 책 한 권으로 재건축 · 재개발 단지 전체에 대한 분석검토는 불가능하므로, 위와 같은 내용을 종합적으로 고려해 투자할 만한 재건축단지, 재개발구역을 소개하려고 한다. 다만, 재건축아파트 가격은 대체로 고가라 투자에 어려움이 있다. 특히 강남 등 핵심지역의 재건축아파트 가격은 매우 비싸서 줄잡아도 15~30억 원은 있어야 가능하다. 재개발투자도 마찬가지다. 지역에 따라 차이가 있지만 재개발구역의 부동산도 대체로 고가고, 최소 4~6년 정도로 상당한 투자기간이 필요하기 때문에 웬만큼 재력이 없으면 투자가 불가능하다. 그래서 재건축 · 재개발투자를 '부자들의 놀이터'라고들 한다. 이런 점을 감안하고 보자. 가능하면 부유층, 중산층 등 다양한 계층이 투자할 수 있는 지역을 소개할 것이다.

05

재건축투자 유망지역 '빅 6'

1. 최고의 미래가치, 압구정 재건축

우선 압구정 재건축은 거래제한 규제를 비켜 간 단지다. 게다가 재건축 후 미래가치가 가장 높을 것으로 예상되기 때문에 첫 번째 투자대상으로 꼽았다. 재건축 완공 이후 압구정의 자산증가 즉 아파트가격 상승폭이 가장 높을 것으로 예상하는 것이 이유다. 나중에 설명하겠지만 압구정 재건축 후 아파트가격은 국내 3.3m^2당 1억 원을 넘을 것으로 예상된다. 앞에서 본 것처럼 최근의 재건축·재개발사업은 높은 개발이익 실현은 어려운 반면 높은 자산증가(양도차익)는 가능한 것으로 나타났다. 따라서 최근엔 재건축 완공 이후 새 아파트가격이 높게 형성되는 단지가 최고의 투자대상이다.

압구정 재건축을 높게 평가하는 이유는 무엇보다 뛰어난 입지 때문이다. 압구정은 경치가 빼어난 곳으로 유명하다. 한강변 돌출부에 자리 잡고 있어서 서울의 명산들을 두루 조망할 수 있다. 3호선 압구정역이 바로 앞에 있고, 한남 IC를 통해 올림픽대로 이용과 한남대교, 동호대교, 성수대교 진입이 모두 수월해 교통과 접근성도 뛰어나다. 게다가 영동대로 통합환승센터가 완공되면 광역교통망까지 갖추게 된다. 현대백화점, 갤러리아백화점, 압구정 로데오거리, 카페, 고급음식점 등 편익시설이 즐비하고, 신사중과 현대고를 품고 있어 인접한 청담동·삼성동과 함께 국내 최고의 부촌이다.

― 압구정 재건축은 지구단위계획에 의해 개발된다 ―

게다가 서울시가 현재 압구정동 아파트지구 24개 아파트단지를 6개 권역으로 나눠 통합하는 지구단위계획구역 지정안을 추진 중이다. 이 계획은 압구정 미성·현대·신현대·한양아파트 등 재건축아파트 1만여 가구와 현대백화점 본점과 SM 본사, 갤러리아 명품관 등을 묶는 대규모 종합개발계획이다. 일반적으로 정비계획은 각 재건축사업 단지별로 개발이 추진되지만 지구단위계획으로 전환되면 보다 광역적인 개발로 바뀐다. 즉, 규모가 작은 여러 단지를 한 구역으로 통합하여 개발하는 방식이다. 서울시가 총 24개 단지를 6개 재건축사업단지로 구분하여 특별계획구역으로 지정하면, 6개 재건축단지 모두 대단지로 개발하게 된다. 구체적으로는 1구역은 미성1·2차, 2구역은 신현대아파트, 3구역은 현대 1~7

차·10차·13차·14차, 4구역은 한양4·6차·현대8차, 5구역은 한
양1~3차, 6구역은 한양5·7·8차로 구획되었다.

압구정3구역을 제외한 대부분의 단지가 통합재건축을 반대하고
있음에도 불구하고 서울시가 통합, 광역개발을 내용으로 지구단위
계획구역 지정안을 추진하는 것은 압구정을 보다 체계적이고 광
역적으로 개발시키기 위해서다. 그만큼 압구정은 위치나 규모 면
에서 중요한 지역이다. 통합재건축이 이루어진다면 압구정은 강남
어느 지역보다 우수한 명품 주거지로 재탄생할 것이 분명하기 때
문에 압구정의 아파트가격이 국내 최고가를 기록할 것이라고 전
망하는 것이다.

─ 압구정 재건축도 35층으로 개발될 것으로 보인다 ─

압구정동 아파트지구는 지금까지 50층 초고층 재건축을 고집해
왔다. 그러나 대치동 은마아파트가 49층 재건축을 포기하고 서울
시의 35층 안을 받아들이기로 하면서 압구정동 아파트지구도 35
층 재건축으로 선회할 가능성이 높아졌다. 초고층 재건축을 희망
하는 것은 쾌적성 때문이다. 건폐율을 낮추고 층수를 높이면 아파
트단지가 쾌적해진다. 상품성이 높아지고 경쟁력이 커져 분양가를
높게 받을 수 있다. 그래서 초고층 재건축을 희망한다.

그러나 서울시 도시개발 마스터플랜에 따르면 강남 도심에서 벗
어나 있는 압구정은 초고층 재건축이 어려워 보인다. '2030 서울

플랜'에서는 잠실, 용산, 청량리 · 왕십리, 창동 · 상계, 상암 · 수색, 마곡, 가산 · 대림 등 지역을 '7광역중심'으로, 한양도성(광화문), 영등포(여의도), 강남 등은 '3도심'으로 분류하고 있다. 7광역중심과 3도심은 지역별 특화기능에 부합하는 시설이 포함될 경우 초고층 건물을 세울 수 있다. 그래서 잠실 주공5단지는 50층 초고층 재건축안이 허가되었지만, 은마아파트는 강남 도심에서 벗어난 주거지라 허가가 나지 않았다. 따라서 압구정동도 초고층 재건축이 어려울 것으로 보인다.

─ 압구정은 35층으로 개발되더라도 조망권, 랜드마크 희소성이 확보된다 ─

그러나 압구정동 아파트지구는 35층으로 재건축한다고 하더라도 단지 규모가 크기 때문에 공공용지 기부체납 등 인센티브 요건을 충족하고 높은 용적률을 적용받을 수 있다. 건폐율은 낮고 용적률은 높아 단지는 쾌적할 것이다. 또 압구정동은 위치가 워낙 뛰어나기 때문에 충분한 조망권과 랜드마크 희소성이 확보될 수 있다. 조선시대 삼정승을 지낸 한명회가 압구정(갈매기와 친하게 지내는 정자)이라는 정자를 지어 여생을 보낼 정도로 압구정은 한강변 어느 지역보다도 경치가 빼어난 곳이다. 따라서 35층으로 재건축한다 하더라도 재건축 후 강남 최고의 명품 주거지가 될 게 분명하다. 게다가 교통/접근성, 학군, 편익시설 등 뭐 하나 부족한 것이 없다. 따라서 압구정 재건축 후 자산증가폭은 어마어마할 것으로 예상된다. 사실 압구정동 부근 부동산에서 재건축 후 $3.3m^2$당 1억 원 이상이 될 것이라 예상한 것은 꽤 오래되었다.

— 재건축 이후 아파트가격은 평당 1억 원이 예상된다 —

최근 압구정3구역 추진위원장 당선자의 공약에서 나온 말이다. 그는 압구정3구역을 제자리 1대1 재건축으로 추진하겠다며 "초과 이익으로 거액을 환수당할 바엔 차라리 그 돈으로 아파트 설계를 특화하고 고급 외장·마감재 등을 적용해 최고급 재건축을 하겠 다"고 공약하면서 재건축 후 $3.3m^2$당 1억 원은 될 것이라고 예상 했다. 제자리 1대1 재건축은 하나의 구역으로 묶인 단지들이 각자 기존 자리에 다시 아파트를 올리는 것을 말한다. 일반 재건축을 하 면 임대아파트를 의무적으로 지어야 하고, 전용 $85m^2$ 이하 소형주 택을 60% 이상 넣어야 한다. 그러나 1대1 재건축 방식은 소형주 택을 짓지 않으면서 같은 주택형을 유지하거나 30%까지 늘릴 수 있다. 조망권을 둘러싼 단지 간 갈등을 예방할 수 있다는 장점이 있고, 일반분양이 없으니 분양가상한제도 피할 수 있다. 다만, 조 합원 부담금이 늘어나기 때문에 압구정 같은 부촌이 아니면 엄두 도 내지 못할 것이다.

— 압구정 재건축은 기다림의 미학이 필요하다 —

압구정 재건축은 기다림이 필요하다. 압구정동 아파트지구는 경제적으로 여유 있는 사람들이 많이 거주하기 때문에 재건축 속도에 연연하지 않는 분위기다. 게다가 서울시의 통합재건축에 반대하는 구역이 많다. 3구역을 제외하고는 통합재건축을 지지하는 구역은 별로 없다. 45층까지 재건축을 원하는 주민이 많은데 '2030 서울플랜'에서는 35층까지로 제한하고 있기 때문에 여전히 의견충돌이 많다. 또한 정부가 재건축 초과이익부담금 예상액을 공개한 이후 무리하게 재건축을 서두르지 말고 원점에서 재검토하자는 조직적인 반발도 있었다. 조합원 간 의견조율과 서울시와의 협의 때문에 빠른 재건축은 어려워 보인다.

그러나 압구정 재건축은 꾸준히 진행되고 있다. 4·5구역은 재건축 추진위원회 설립을 마쳤고, 압구정지구 최대 규모인 3구역(3840가구)도 2018년 9월 12일 추진위원회 설립을 마쳤다. 2구역(1924가구)도 추진위 설립을 준비 중이고, 유일하게 조합설립이 된 6구역은 현재 통합재건축을 논의 중이며, 1구역(1233가구)의 미성 2차 아파트단지가 마지막으로 재건축 연한을 채우고 안전진단을 신청한 상태다.

― 압구정 6구역이 돋보인다 ―

투자 측면에서 보면 압구정 재건축 6개 구역 중 가장 돋보이는 곳은 단연 3구역이다. 현대1~7차, 10·13·14차 등으로 이루어진 3구역은 단지규모가 가장 크고 한강변 돌출부에 자리 잡고 있어서 경치가 빼어난 최고의 노른자위이다. 다만 기존아파트가 거의 대형 평형이라 투자에 큰돈이 필요한 것이 부담이다. 국토부 실거래가에 의하면 2018년 현재 압구정동 현대 7차, 전용 144m^2의 호가는 30억 원이고, 지난해 10월 28억 원에 거래되었다. 그리고 전용 167m^2가 33~35억 원, 전용 196m^2는 40억 원을 호가한다. 3구역이 대형이라 투자가 부담스러운 것은 사실이지만 반대로 생각하면 유리한 측면도 있다. 1대1 재건축을 하지 않을 경우 소형주택 의무비율 규정에 의해 평형이 줄고 세대수가 늘기 때문에 일반분양 물량이 늘어난다. 따라서 개발이익은 증가하고 조합원 부담은 줄어들 것이다. 반면, 조합원 총회에서 1대1 재건축을 결의할 경우 조합원 부담이 느는 대신 최고급 재건축으로 이후 자산증가폭이 어마어마할 것이다. 그래서 3구역이다. '똘똘한 1채'를 위해 확실한 곳을 찾는다면 최고의 투자대상이라고 생각한다.

앞으로 강남 재건축시장은 압구정3구역의 행보를 주목하게 될 것이다. 단, 압구정 재건축은 아직 조합설립인가 단계를 거치지 않아서 조합원 무상지분율을 알 수 없으므로 정확한 장래 수익추정이 어렵다는 점은 염두에 두어야 한다. 그래서 기존 아파트가격과 재건축 이후 예상되는 아파트가격을 비교하는 어림셈법으로만 수익추정이 가능하다. 압구정 6개 구역 중 자신의 자금에 맞는 투자대상을 가려 투자해야 투자가치를 극대화할 수 있을 것이다.

2. 최고의 수익률, 반포주공1단지

최근 강남 부동산시장에서 가장 핫한 지역이 반포동 재건축이다. 한강변의 뛰어난 경치에다 교통/접근성, 학군 등 뭐하나 빠지지 않는 반포동은 강남의 영원한 블루칩이다. 반포동 재건축이 더 뜨거운 이유는 재건축사업 검증이 이미 완료되었기 때문이다. 신반포 1차아파트를 재건축한 '아크로리버파크'는 2013년 말 평균 분양가격이 3.3㎡당 3,830만 원이었는데, 2016년 완공·입주 후 전용 84.97㎡가 22억 5천만 원, 112.96㎡가 29억 7천만 원, 129.92㎡가 33억 4천만 원에 각각 거래되어 3.3㎡당 평균 6534만 원을 기록해 분양가 대비 170% 상승했다. 따라서 반포동 재건축사업은 이미 검증이 완료되었을 뿐만 아니라 인근 재건축단지 완공 후 새 아파트가격을 가늠하는 지표가 되고 있다. 그러나 반포동의 재건축단지들은 모두 조합설립인가 단계를 거쳤기 때문에 거래제한 대상이어서 투자가 어렵다.

― 예외조항에 의한 투자는 가능하다 ―

그렇지만 예외조항에 의한 거래는 가능하다. 즉 「도시 및 주거환경정비법 시행령」 제37조① 1~2항의 '10년 이상 소유하고 5년 이상 실거주한 1세대 1주택자' 또는 '해외 이주한 자' 등 예외조항에 의한 조합원 지위 양도는 가능하다. 또 청약 1순위자는 일반분양에 청약할 수 있다. 따라서 재건축 일반분양 청약에 관심 있는 투자자라면 적극적으로 관심을 가져볼 만하다. 특히 반포주공1단지(1·2·4주구)는 강남에 마지막 남은 저밀도지구 재건축으로 기존 아파트 수의 2.5배에 이르는 약 3300세대가 일반분양으로 나오기 때문에 건국 이래 최대의 재건축이라고들 한다. 그리고 반포주공1단지(3주구)도 600가구, 신반포3차 경남아파트재건축 일반분양도 500여 세대가 나올 것으로 예상된다. 게다가 분양가상한제 시행과 HUG의 분양가 억제로 일반분양가격도 그리 높지 않을 것으로 예상되기 때문에 당첨되면 '로또'라는 말이 돌고 있다.

　반포동 재건축 중 수주경쟁이 가장 뜨거웠던 반포주공1단지(1·2·4주구)는 현대건설이 시공사로 선정돼 '반포 디에이치 클래스트'라는 브랜드로 재탄생하게 되었다. 반포주공1단지(1·2·4주구)는 지상 6층, 2091가구를 재건축해 최고 35층, 5388가구로 탈바꿈하게 되고, 반포주공1단지(3주구)는 기존 전용 $72m^2$ 단일 평형 1490가구를 재건축해 35층, 2091가구로 탈바꿈하게 되며, 신반포3차·경남아파트는 바로 옆에 있는 경남아파트를 통합해 2433가구를 재건축하는데 최근 삼성물산이 시공사로 선정돼 2971가구의 '래미안' 브랜드아파트로 탈바꿈하게 되었다.

─ 반포주공1단지(1·2·4주구)가 최고 투자대상이다 ─

　투자 측면에서 보면 반포주공1단지(1·2·4주구)가 단연 으뜸이다. 반포주공1단지(1·2·4주구)는 강남 마지막 저밀도지구로 기존 최고 6층, 2091가구를 최고 35층, 5388가구로 재건축하기 때문에 일반분양 물량이 기존 아파트 수의 2.5배가 넘는 약 3300세대에 이른다. 따라서 개발이익은 엄청날 것으로 예상된다. 앞서 2000년대 초반 저밀도지구 재건축에서 조합원들은 기존아파트 면적보다 배가 넘는 면적의 아파트를 배정받고도 분담금을 낸 것이 아니라 오히려 청산금을 돌려받아 조합원들은 차익만 10~20억 원을 거뜬히 벌어 바로 부자대열에 들어갔다. 반포주공1단지(1 · 2 · 4주구)가 바로 그런 저밀도지구 재건축이다. 게다가 최근의 재건축 · 재개발사업은 개발이익보다 재건축 이후 아파트가격 상승(양도차익)이 높은 것으로 나타난다. 따라서 반포주공1단지(1 · 2 · 4주구)는 현재 진행 중인 다른 어느 재건축 · 재개발단지보다 수익률이 월등하게 높을 것으로 전망된다.

─ 반포주공1단지(1 · 2 · 4주구)는 초과부담금도 내지 않는다? ─

특히 반포주공1단지(1 · 2 · 4주구)는 초과이익환수를 피하기 위해 2017년 말경 관리처분인가를 신청했는데 논란 끝에 2018년 12월 3일 관리처분 인가를 받아서 2조 8000억 원으로 예상됐던 초과이익부담금을 면제받게 됐었다. 하지만 일부(266명) 조합원이 조합을 상대로 낸 관리처분계획 총회결의무효확인 소송에서 서울행정법원이 2019년 8월 원고승소 판결을 선고하여 기존 관리처분계획이 취소 위기를 맞게 되었다. 재건축초과이익환수제를 피하기 위해 지나치게 사업속도를 낸 것이 오히려 화가 된 것이다. 사업을 추진하기 위해선 항소를 하거나 관리처분계획에 반발하는 조합원들을 달래 소송을 취하하는 방법이 있는데, 조합의 선택이 주목된다. 만일 관리처분계획이 취소돼 관리처분계획을 다시 세우게 되면, 재건축초과이익환수제와 분양가상한제를 모두 적용받게 돼, 사업성은 크게 떨어진다. 반포주공1단지(1·2·4주구)는 이런 불확실성 때문에 수익성 추정이 어려워서 이런 문제가 모두 해결된 뒤에 투자 여부를 판단해야 낭패를 보지 않는다.

3. 강남 최초 50층 재건축, 잠실주공5단지

2017년 잠실주공5단지 50층 초고층 재건축 계획안이 서울시 심의를 통과해 부동산시장에 큰 화제가 되었다. 강남 재건축의 대장주인 은마아파트가 무려 14년 동안 49층 초고층 재건축을 고집했지만 번번이 퇴짜를 맞고 서울시 도시기본계획 2030플랜에 따라 35층 재건축을 결정한 터라 더 큰 화제가 되었다. 잠실주공5단지는 시장의 화제만큼 기대도 크다. 이로써 1978년 4월 입주한 잠실주공5단지 15층 3930가구는 최고 50층, 6401가구로 탈바꿈하게 되었다.

잠실주공5단지가 초고층으로 허가를 받을 수 있었던 것은 잠실주공5단지가 7대 광역중심에 해당돼서다. 잠실은 여의도·용산과 함께 광역중심 지역으로 지정돼 원칙적으로 상업·준주거용지에 50층 주상복합아파트를 짓는 것이 가능했다. 그동안은 종상향이 심의를 통과하지 못해 50층 재건축이 무산되었지만, 이번 심의에서 잠실역 주변 일부 부지가 3종 일반주거지역에서 준주거지역으로 종상향이 인정되면서 50층 재건축도 풀렸다. 이 계획안에 따르면 잠실주공5단지는 재건축을 거쳐 최고 50층짜리 주상복합·아파트 총 6401가구가 건설된다. 지하철 2호선 잠실역 주변 아파트 3개 동과 오피스 1개 동 등 4곳은 50층으로 지어질 계획이다.

─ 역사 속으로 사라지는 잠실주공아파트

70년대 1~5단지로 건설된 잠실주공은 저밀도지구인 1~4단지는 이미 10년 전에 재건축이 완료돼 입주했다. 1단지는 '잠실엘스', 2단지는 '리센츠', 3단지는 '트리지움', 4단지는 '레이크팰리스'라는 브랜드로 각각 재건축되었다. 이제 5단지가 재건축되면 잠실주공아파트는 역사 속으로 사라진다. 잠실주공5단지가 더욱 주목받는 이유는 1~4단지가 모두 일반 주거시설로만 건설되었는데, 5단지는 주상복합 형태의 개발이기 때문이다. 직주근접이 가능하고, 훨씬 높은 부가가치를 기대할 수 있다. 잠실은 2호선과 8호선 더블역세권으로 교통도 편리하다. 버스 환승센터가 있어 광역버스망도 잘 갖춰져 있다. 교육환경은 강남보다는 못하지만 단지 내에 위상이 높은 초등, 중등, 고등학교가 몰려있다. 또 대치동이 멀지 않아 대치동 학원가를 이용할 수 있다. 잠실은 123층 롯데월드타워 건설 이후 롯데타운이 거대한 상권을 이루고 있다. 석촌호수가 있는 잠실은 한강 둔치가 가까워 자연환경도 쾌적하다.

― 주상복합형태로 개발되는 5단지는 사업성도 우수하다 ―

이처럼 좋은 여건을 갖추고 있는 잠실주공5단지 재건축은 사업성도 우수하다. 우선 기존 3930세대가 6401세대로 늘어나 일반분양이 2000세대가 넘기 때문에 높은 개발이익이 예상된다. 게다가 주상복합형태로 개발하기 때문에 분양가상한제 적용에도 유리하다. 상가는 분양가상한제 적용 대상이 아니라 분양가 책정이 자유롭다. 강남 최초 50층 재건축이어서 랜드마크 희소성이 있고, 공간이 넓어 단지가 쾌적하다. 따라서 개발이익과 재건축 이후 가격상승도 상당할 것으로 예상된다.

또 잠실주공5단지는 2013년 12월에 조합설립인가를 받았지만 아직 사업시행인가를 받지 못해서 거래제한 예외조항에 의한 조합원 지위 양도가 가능하다. 즉 「도시 및 주거환경정비법 시행령」 제37조②1항의 '조합설립인가일부터 3년 이내에 사업시행인가 신청이 없는 주택재건축사업의 건축물을 3년 이상 계속하여 소유하고 있는 경우' 조합원 지위 양도가 가능하고, 청약 1순위자는 일반분양에 청약할 수 있다.

— 예외조항에 의한 거래만 가능하다 —

만일 당첨되면 말 그대로 '로또'라고 할 정도의 높은 수익실현이 가능할 것이라 잠실주공5단지는 매력적인 투자대상이다. 다만 투자에 다음과 같은 사항을 고려해야 한다.

잠실주공5단지 기존아파트 매매가격은 개발이익이 이미 반영돼 주변 아파트보다 비싸다. 주공1단지를 재건축한 '엘스'의 최근 3개월 매매가격은 84.8m^2가 14억 3000만 원~16억 6000만 원, 119.93m^2는 17억 5000만 원~22억 원인데 비해 잠실주공5단지 최근 3개월 매매가격은 76.49m^2가 17억 2000만 원~18억 4000만 원, 82.51m^2가 19억 1000만 원~22억 원이나 된다. 그만큼 기대가 크다는 뜻이다. 특히 잠실주공5단지는 대지지분이 전용 25평에 대지지분 23평 정도로 타 재건축단지보다 대지지분이 매우 높다. 재건축 이후 모든 세대가 40평형대 이상 중대형을 무상 공급받을 것을 계획 중이라고 할 정도로 높은 가치를 자랑한다.

— 그러나 초과이익부담금을 피하지 못했다 —

그러나 잠실주공5단지는 초과이익환수제를 피하지 못했다. 조합설립을 일찍 끝냈지만 워낙 규모가 크고 서울시 심의가 길어지면서 2017년 말까지 관리처분인가를 신청하지 못했기 때문이다. 그래서 초과이익환수에 대한 '위헌소송'에 잠실주공5단지가 앞장서고 있는 상황이다. 하지만 2019.12. 27 헌재가 재건축초과이익환수에 관한 법률 조항에 대해 합헌 결정을 내렸다. 따라서 조합은 부담금을 줄이기 위해 아파트 품질을 높이고 커뮤니티시설을 확장 고급화하는 등 개발비용을 늘릴 것이다. 재건축부담금은 늘겠지만 재건축 완공·이주 이후 아파트가격은 높게 상승할 것으로 예상된다.

4. 대치동 재건축 대장주, 은마아파트

대치동의 은마아파트는 압구정 현대아파트와 함께 국내에서 가장 유명한 아파트단지다. 정부의 규제도 비켜 가서 압구정 재건축과 함께 재건축의 대장주로 불린다. 14층 28개 동, 총 4424가구 규모로 1979년에 입주한 은마아파트는 이미 오래전부터 재건축을 추진했다. 그래서 세간의 관심도 많이 받았다. 은마아파트 재건축에 세간의 관심이 집중된 이유는 4424세대 초대형단지에 49층 초고층 재건축을 추진했기 때문이다. 5000세대가 넘을 것으로 예상되는 초대형 단지에 초고층 아파트가 건설되면 도곡동, 대치동 일대의 랜드마크로 부상해 개발이익이 엄청날 것이라는 기대감이 컸다. 그러나 은마아파트 재건축 추진위는 지난해 서울시와의 오랜 협의 끝에 49층 재건축을 포기하고 서울시 안에 따라 35층 재건축을 결정했다. 무려 14년 동안 초고층을 고집하다가 '서울시 2030플랜'에 밀려 초고층 재건축을 포기한 것이다. 은마아파트 재건축 추진위가 초고층 재건축을 고집했던 이유는 사업성 때문이다. 층수가 높아지는 만큼 용적률을 높이는 것은 아니지만, 초고층 재건축은 건폐율이 낮아지고 층수는 높아지기 때문에 단지가 쾌적해진다. 그래서 상품성이 좋아지고 경쟁력이 증가해 고분양가 책정이 가능하고 개발이익이 증가한다.

― 서울시 2030플랜에 따라 35층 재건축을 결정했다 ―

이런 이유로 초고층 재건축을 고집했지만 초고층을 포기한 만큼 개발이익은 다소 감소할 것으로 예상된다. 그러나 은마아파트는 입지 등 제반 여건이 뛰어나기 때문에 재건축 이후 자산증가는 상당히 높을 것으로 예상된다. 은마아파트 재건축은 아직 조합설립 단계를 거치지 않았기 때문에 조합원의 무상지분율을 알 수 없다.

따라서 정확한 장래 수익추정이 어렵지만 대치동은 재건축 완공 후 입주한 아파트단지가 많아서 이들 단지와 비교하는 어림셈법으로 대략적인 수익추정이 가능하다. 2015년에 완공·입주한 래미안 대치팰리스(대치청실 재건축)는 용적률 258%, 건폐율 15%, 최고 층수 35층으로 1278세대가 건립되었다. 래미안대치팰리스 조합원은 기존 $76m^2$가 $84m^2$로 옮겨갈 때 약 2억 원의 추가분담금을 냈다. 따라서 개발이익은 그다지 높지 않았다. 2012년 래미안대치팰리스의 분양가격은 $3.3m^2$당 3200만 원이었는데, 최근 3개월간 평균 매매가격은 $3.3m^2$당 약 5800만 원으로 나타나 분양가 대비 180%

상승했다. 따라서 재건축 후 자산증가는 대단히 높을 것이다.

― 재건축 이후 높은 자산증가가 예상된다 ―

은마아파트 재건축의 장래수익도 높을 것이다. 게다가 은마아파트는 단지 규모가 매우 커서 공공용지 기부체납 등 인센티브 요건을 충족하고 용적률을 높여 받을 수 있기 때문에 개발이익과 재건축 후 자산증가가 높을 것으로 예상된다. 은마아파트 재건축 추진위는 기존 14층, 28개 동, 총 4424가구 규모의 단지를 최고 35층, 5905가구의 재건축계획안을 강남구청에 제출하여 현재 서울시 도시계획위원회 심의를 기다리고 있다. 이 재건축계획안이 서울시 승인을 받으면 시공사인 GS건설과 삼성물산이 부동산시장 상황 등을 고려하여 자세한 재건축설계안을 완성할 것이다. 그 과정에서 개발이익과 조합원의 초과부담금 등을 고려하는 내용이 담긴다. 최근 은마아파트 매매가격은 전용 $76.79m^2$일 경우 13~15억 8000만 원, 전용 $84.43m^2$는 14~17억 원으로 평균 매매가격은 $3.3m^2$당 약 4560만 원 수준이다. 주변 아파트가격을 고려하면 재건축 후에는 $3.3m^2$당 6500만 원 이상으로 형성될 것이다. 따라서 지금 투자해도 은마아파트 재건축 투자수익은 괜찮을 것으로 예상된다.

5. 대치동 재건축 다크호스, 미도아파트

대치동 미도아파트는 1~2차 합쳐 총 21개 동 2435가구로 은마아파트(4424가구)에 이어 대치동에서 두 번째로 규모가 큰 단지다. 1983년 11월 완공되었으니 지은 지 만 34년이 지났다. 2015년 재건축 추진위원회가 구성되어 이미 안전진단을 마쳤고 재건축 정비구역 신청을 서두르고 있다. 미도아파트 재건축은 구역 내 무허가 건물 문제로 표류했으나 교회로 사용 중인 무허가 건물을 제외한 나머지 부지에만 사업을 진행하기로 하고 이런 계획안을 강남구청에 제출하여 현재 공람 준비 절차에 들어갔다.

미도아파트 재건축을 다크호스로 꼽는 이유는 입지가 매우 뛰어나기 때문이다. 탄천, 양재천을 품고 있어서 조망권이 우수한 것은 물론이고, 양재천이 미도아파트 단지 남쪽 경계선이어서 아파트단지 배치에 이점이 있다. 건축법 시행령은 인접 대지와 대지 사이에 공원, 철도, 하천 등 건축이 허용되지 않는 공지가 있는 경우에는 그 반대편 경계선으로부터 이격하여 건축물을 배치하도록 규정하고 있다. 따라서 건물 배치에 매우 유리하다. 이런 규정으로 아파트를 더 지을 수는 없지만, 조망권이 좋은 동배치가 가능해서 분양가를 높여 받을 수 있다.

─ 입지가 뛰어나 높은 개발이익이 기대된다 ─

미도아파트 재건축 추진위원회가 제출한 재건축계획안에 따르면 총 25개 동 최고 높이 35층 3861가구(임대주택 755가구 포함)로 계획되어 있다. 미도아파트 재건축의 법정상한 용적률은 300%다. 그중 허용용적률은 247.2% {기준용적률 210%+(녹색인증+기부체납) 37.2%=247.2%}인데 추가로 인센티브 요건을 충족할 경우 300% 범위 내에서 용적률을 적용받을 수 있다. 미도아파트 재건축도 아직 조합설립 단계를 거치지 않았기 때문에 조합원의 무상지분율을 알 수 없다. 따라서 정확한 장래 수익추정이 어렵지만 은마아파트 재건축과 거의 같은 입지, 비슷한 조건이기 때문에 미도아파트 재건축의 장래 수익도 상당할 것으로 예상된다. 그리고 미도아파트 입지가 대치동에서 제일 뛰어나고 4000세대 가까운 대단지여서 개발이익이나 재건축 후 자산증가폭이 은마아파트보다 오히려 높을 수도 있다. 다만 미도아파트 최근 매매가격은 84.48m^2가 19억 원, 115.05m^2는 21억 3000만 원~22억 원, 159.15m^2는 29억 원으로 은마아파트 매매가격보다 다소 높다. 이러한 점을 감안해 어림셈법으로 장래 수익을 추정하고 투자를 결정해야 한다.

6. 분양가·부담금 규제를 모두 비켜 간 둔촌주공아파트

1980년에 잠실주공 다음으로 건설된 둔촌주공아파트는 규모면에서 압도적이다. 둔촌1동 전체가 이 아파트단지만으로 구성되어 있을 정도로 대규모다. 143개 동 총 5930세대의 대단지로 재건축 후에는 1만 1106세대 미니 신도시급 대단지로 탈바꿈한다. 둔촌주공아파트 재건축은 지난 2009년 조합설립인가를 받고, 2015년 7월 사업시행을 인가받았으며, 2017년 5월에 관리처분인가를 받았다. 따라서 둔촌주공아파트 재건축은 분양가상한제와 초과이익환수를 모두 피하게 되어 투자자들의 관심이 매우 뜨겁다. 이주가 완료되었고 현재 시공사(대우건설·현대건설·HDC현대산업개발·롯데건설 컨소시움)가 구건물 철거를 진행하고 있다.

— 1만 세대가 넘는 초대형 재건축단지 —

따라서 거래제한의 예외조항에 의해 투자가 가능하다. 현재는 「도시 및 주거환경정비법 시행령」 제37조①1~2항에 따라 '10년 이상 소유하고 5년 이상 실거주한 1세대 1주택자, 해외 이주한 자' 등 예외조항에 해당하는 조합원 지위 양도가 가능하다. 그리고 사업시행 인가일부터 3년이 경과하는 2018년 8월부터는 같은 법 시행령 제37조②1~5항에 따라 '사업시행인가일부터 3년 이내에 착공하지 못한 주택재건축사업의 토지 또는 건축물을 3년 이상 계속하여 소유하고 있는 경우'에 해당하는 조합원 지위 양도도 가능해진다. 따라서 둔촌주공아파트는 정부의 재건축 거래제한 규제에도 불구하고 현재 거래가 활발하게 이루어지고 있다. 그리고 청약 1순위자는 일반분양에 청약할 수 있다. 따라서 둔촌주공아파트 재건축은 매력적인 투자대상이다.

― 예외조항에 의한 거래가 가능하다 ―

둔촌주공아파트 조합원은 6116가구인데 총 1만 1106가구로 재건축되기 때문에 일반분양물량이 무려 3923가구나 돼 관리처분계획에 따르면 조합원 대지지분 대비 평균 무상지분율은 150.38으로 매우 높다. 따라서 만일 조합원이 동일 평형대 아파트를 분양받을 경우 추가분담금을 내는 것이 아니라 환급을 받는 것으로 나타났다. 인근 공인중개사에서 위와 같은 관리처분계획안을 근거로 분석해서 내놓은 2018년 2월 20일 기준 매물자료에 의하면, 기존 16평(19.09평) 시세는 11억 7000만 원인데, 26평형을 배정받을 경우 9천 900만 원의 환급이 예상되고, 34평형을 배정받을 경우 6천 800만 원의 추가분담금이 예상된다. 기존 25평(29.83평) 시세는 14억 7000만 원인데, 37평형을 배정받을 경우 8천 800만 원의 환급이 예상되고, 43평형을 배정받을 경우 1천 100만 원의 추가분담금이 예상된다. 게다가 둔촌주공 재건축은 관리처분계획 인가까지 완료되어 분양가상한제와 재건축부담금이 적용되지 않는다. 조합원 무상지분율도 정해져서 불확실이 모두 제거된 셈이다. 따라서 다른 재건축·재개발단지와 다르게 비교적 정확한 투자수익 추정이 가능하다.

― 규제를 모두 비켜서 높은 투자수익이 기대된다 ―

현재 부동산시장에서는 둔촌주공아파트가 준공되면 최소 가락

시영 헬리오시티, 파크리오, 잠실 엘스 시세 이상 또는 전후로 가격이 형성될 것으로 예상한다. 현재 가락시영 헬리오시티 $34m^2$ 시세와 파크리오 $84m^2$ 시세는 15억 5000만 원~16억 원으로 비슷한 수준이다. 잠실엘스 $84m^2$ 시세는 16억 5000만 원~17억 원으로 다소 높다.

둔촌주공아파트 16평형을 11억 7000만 원에 양도받아 $84m^2$(34평형)을 배정받는 경우를 가정하면, 약 6천 800만 원의 추가분담금을 내야 한다. 따라서 총투자금은 12억 3800만 원이 되는데 둔촌주공 재건축 이후 아파트가격이 16억 원~16억 5000만 원으로 형성될 경우 약 4억 원의 투자수익을 예상할 수 있다. 다만 재건축 이후 아파트가격은 시장의 추정치일 뿐이니 투자자가 둔촌주공아파트 향후 발전전망 등을 고려하여 판단해야 한다.

둔촌주공의 행정구역은 강동구지만 길 하나만 건너면 송파구다. 길 하나 건너가 올림픽공원이고 단지 뒤쪽이 산이어서 자연환경도 쾌적하다. 단지에 지하철 5호선 둔촌동역이 있고 강동대로를 이용해 올림픽도로와 강변북로 진입이 용이해 교통도 편리한 편이다. 그리고 9호선 3단계 구간이 마무리돼 대중교통이 개선되었다. 보훈병원역에서 급행을 타면 고속터미널까지 20분, 김포공항까지 49분 만에 갈 수 있다. 교육환경은 강남에 비해 떨어진다. 현재는 단지 내에 초등학교 2개 중고등학교가 있고 주변에 한산 초중 등 다른 학교가 있다. 강동구와 강동구교육청은 둔촌주공아파트가 1만 1000세대가 넘는 대단지로 재탄생하는 것에 대비해 학교시설 확충을 서두르고 있다. 학생들은 대치동이 멀지 않아 대치동 학원가를 이용할 수 있다. 상가와 편익시설은 주변의 시설을 이용할 수 있고, 46만㎡가 넘는 대규모 단지라 단지 내에 상가, 커뮤니티시설, 주민복지시설이 등이 잘 갖춰져 주민생활에 불편함은 없어 보인다.

06

재개발투자 유망지역 '빅 6'

1. 서울의 맨해튼, 한남뉴타운

한강변에 접해 있는 한남뉴타운은 경치가 좋고 강남과 광화문·종로, 여의도 등 서울 주요 지역 접근성까지 갖춰 서울 뉴타운 사업지 중 가장 뛰어나다는 평가를 받았다. 개발이 완료되면 서울의 맨해튼이 될 것이라는 기대감도 높았다. 게다가 강남 재건축에 비해 투자비용도 낮아서 자금 부족으로 재건축투자에 소외됐던 소액투자들까지 묻지마식 투자 또는 투기에 빠지면서 한남뉴타운은 그야말로 부동산광풍이 불었다. 그러나 한남뉴타운은 조합원 간의 상충되는 의견조율과 서울시와의 이견 때문에 14년 동안 공회전을 거듭한 끝에 5개 구역 중 1구역은 2017년 초 서울시가 재개발구역 지정을 해제하고 현재 나머지 4구역만 추진 중이다. 보광동 265 일대를 재개발하는 2구역의 예상 가구 수는 1926개로 조합설립 후 재건축 심의를 준비 중이고, 한남동 686 일대를 재개발하는 3구역 5816가구가 제일 먼저 건축심의를 통과했다. 보광동 360 일대를 재건축하는 4구역과 동빙고동 60 일대를 재건축하는 5구역은 조합설립 이후 각각 건축심의를 준비 중이다.

─ 3구역 건축심의 통과 후 뉴타운 전체가 탄력을 받는다 ─

사업추진이 가장 빠른 3구역은 2017년 10월 정비계획안(재개발 계획안)이 서울시 건축심의를 통과한 후 탄력을 받고 있다. 한남 3구역은 38만 5687㎡ 부지에 최고 22층, 아파트와 테라스하우스를 포함해 총 4940가구(부분임대 192가구 포함), 임대주택 876가구 등 총 195개 동, 5816가구를 건설한다. 3구역 조합원 수가 3880명이니, 임대 876가구를 제외하면 1000가구 정도가 일반분양으로 나올 전망이다. 전체의 51.8%에 해당하는 3014가구가 전용 59㎡ 이하 소형주택인 3구역은 2019년 9월 착공해 2022년 7월 준공예정이다.

3구역의 영향으로 2·4·5구역도 사업에 속도를 내고 있다. 2구역은 보광초등학교 북측 관광특구(전체 면적 22%)를 재정비촉진구역에서 제외하는 문제로, 4구역은 전면 재개발에 반대하는 신동아아파트 문제로 사업추진에 속도를 내지 못하고 있다. 2구역은 2017년 재정비촉진계획 변경안이 통과된 이후 건축심의를 준비

중이고 4구역은 조합원 수가 적고 종교시설이나 학교 등의 이전 문제가 없다.

한남5구역은 2017년 1월 조합 정기총회에서 한남5구역 재정비 촉진계획 변경안을 통과시켜 사업추진이 탄력을 받고 있다. 조합원 총회에서 통과된 한남5구역 재건축계획안은 용적률 230.3%, 최고 층수 23층, 2565세대를 건설하는 것으로 되어 있다. 5구역은 한강과 가까운 지리적인 여건과 신분당선 3단계 연장선에 동빙고역이 있어 한남뉴타운에서 입지가 가장 우수하다고 평가받지만 변전소와 송전탑이 있다는 게 약점이다. 조합의 재건축계획안에는 변전소를 이전하고 송전탑은 지중화하는 것으로 되어 있다. 그러나 이런 재건축계획안은 서울시의 승인을 받아야 확정된다.

─ 한남뉴타운의 장점은 빼어난 입지다 ─

한남뉴타운의 장점은 무엇보다도 빼어난 입지다. 이태원·이촌·한남·동빙고동 일대를 재개발하는 한남뉴타운은 배산임수 지형을 갖추고 서울 강북 도심과 강남권이 모두 가깝다. 미군기지 이전으로 용산민족공원이 조성된다는 호재도 있다. 자동차를 이용할 경우 한남대교를 건너면 바로 강남이고 강변북로, 올림픽대로 진입이 수월하다. 그러나 대중교통은 다소 불편하다. 경의중앙선 한남역이 가까이 있어서 옥수역에서 3호선 환승이 가능하고, 이촌역에서 4호선 환승이 가능하다. 그러나 뉴타운 중심부와 동쪽 지역은 전철역이 멀고 학군이 조성되는 데 시간이 걸릴 것이라는 약점도 있다.

─ 세심한 투자전략이 필요하다 ─

한남뉴타운은 강북 최고의 입지고, 재개발의 황제주라는 데는 이견이 없다. 그러나 현재 한남뉴타운 지역은 전용면적 $33m^2$ 빌라의 매매가격이 9억 5000만~10억 5000만 원이다. 전세가율도 낮아서 전세를 끼고 사도 6~7억 원이나 필요하다. 대지지분 $20m^2$ 미만 소형 매물은 $3.3m^2$당 1억~1억 2000만 원을 호가한다. 재건축 초과이익환수 때문에 강남 재건축투자에서 이탈한 투자자들이 초과이익환수가 적용되지 않는 재개발에 몰리는 것이다. 하지만 정부가 재개발사업에 대해서도 개발이익환수를 건토하는 것으로 알려져 이에 대한관심이 필요하다.

이처럼 한남뉴타운 지분가격이 $3.3m^2$(1평)당 1억 원을 넘기자 투자에 대한 의견이 엇갈린다. 한남뉴타운 인근 부동산에선 '강 건너 반포동 일대 아파트 최고가격이 $3.3m^2$당 6000~7000만 원이니, 반포동이 내려다보이는 한남뉴타운 아파트가격도 $3.3m^2$당 6000~7000만 원은 될 것'이라며 지금 투자해도 늦지 않다고 말한다. 현재 가격은 거품이라는 부동산전문가의 의견도 있으니 투자에 세심한 주의가 필요하다.

한남뉴타운은 아직 관리처분 단계를 거치지 않아서 조합원 권리가액(감정평가액×비례율)을 알지 못해 정확한 투자수익 추정이 어렵다. 따라서 현재로선 어림셈법으로 개발이익과 재개발 이후 자산증가를 판단할 수밖에 없다. 개발이익이 많으려면 일반분양 물량이 많고 분양가격이 높아야 한다. 그리고 재개발 이후 아파트가격이 높게 형성되기 위해서는 위치와 아파트 평형 구성도 좋아야 한다. 예컨대 59㎡ 이하 소형아파트 비중이 너무 높으면 고분양가 책정이 어려워 개발이익을 높이는 데 한계가 있다. 재건축 이후 높은 가격상승도 기대하기 어렵다. 이런 관점에서 보면 조합원 수가 3880명인 한남3구역의 일반분양 1000가구는 전체의 30%에 불과해 일반분양 물량이 적은 편이고, 전용 59㎡ 이하 소형 3014가구는 전체의 51.8%나 돼 소형아파트 비중이 너무 높은 편이다. 따라서 한남3구역의 사업구도는 좋다고 보기 어렵다.

재개발 사업성은 일반분양 물량이 많은 것만큼이나 아파트 평형구성이 대단히 중요하다. 적어도 전용 85㎡ 이상이어야 고분양가 책정이 가능하고, 재건축 후 자산증가폭도 높을 수 있다. 따라서 재개발투자 분석 시 일반분양 물량과 함께 건설되는 아파트 평형도 검토해야 한다. 역시나 상대적으로 교통/접근성과 조망권이 좋은 구역을 가려내 투자해야 투자수익을 극대화할 수 있다.

─ 손품과 발품도 필요하다 ─

재건축사업 대상인 아파트는 조합원 자산이 평형에 따라 완전히 동일하고, 인근에 이미 재건축을 완료한 재건축단지와 비교도 가능해서 조합원의 무상지분율을 알지 못하더라도 어림셈법으로 대략의 수익추정이 가능하다. 그러나 재개발사업의 대상은 단독, 다세대·다가구, 연립, 토지 등으로 다양하고 각각 다른 특징이 있어 관리처분 단계를 거치기 전에는 장래 수익추정이 사실상 어렵다. 그2018년 1월 24일부터 관리처분 인가단계를 거친 재개발구역은 조합원 지위 양도가 금지되기 때문에 투자분석도 어렵다. 따라서 재건축은 온라인 검색 등 손품만으로 투자분석이 가능하지만, 재개발은 손품만으로는 한계가 있다. 현장 주변 부동산을 직접 찾아가 많은 정보를 얻어야 장래 수익추정 등의 분석이 가능하다. 즉 임장활동이 필요한 것이다.

2. 강남 집값? 성수전략정비구역

성수동 성수전략정비구역은 한남뉴타운 못지않게 입지가 빼어난 곳으로 최근 신흥 부촌으로 떠오르는 지역이다. '서울의 맨해튼'으로 불리는 한남뉴타운이 한강을 남쪽에 두고 뒤쪽에 남산을 두고 있는 배산임수 지형을 갖췄다면. 성수전략정비구역은 영동대교를 건너면 강남 부촌 압구정동과 바로 맞닿을 정도로 강남 접근성이 뛰어나다. 지하철 2호선 뚝섬역·성수역과 7호선 뚝섬역, 분당선 서울숲역이 통과하는 트리플 역세권이어서 투자 관심이 집중되는 지역이다. 성수동 일대 발전이 특히 기대되는 이유는 성수동이 전략정비구역으로 지정되어 최고 50층까지의 개발이 가능하기 때문이다. 2009년 오세훈 전 서울시장의 '한강 르네상스' 구상에 따라 한강변 건축경관 개선 목적으로 성수, 강남, 여의도, 이촌동 일대를 전략정비구역에 넣어 50층 건물 개발을 허용했다. 그러나 현재 나머지 구역은 모두 해제되고 성수만 전략정비구역으로 남아 최근 서울시의 35층 이상 건립규제를 받지 않고 서울숲 인근의 주상복합 트리마제, 아크로 서울포레스트가 각각 47층, 49층 허가를 받았다.

― 한강변 유일한 50층인 성수전략정비구역 ―

2017년 7월에 분양한 분당선 서울숲역 인근에 위치할 대림산업의 '아크로 서울포레스트'의 평균 분양가는 전용면적 3.3m^2당 4657만 원(HUG 보증 기준)으로 2017년 서울 최고 분양가를 기록했다. 그리고 서울숲 인근의 주상복합아파트 '트리마제'는 2018년 1월 전용 136.56m^2가 28억 원(7층), 31억 원(22층)에 2채가 거래되어 2017년 11월에 거래된 24억 3000만 원(18층)보다 6억 7000만 원이 올랐다. 한편 서울숲 인근에는 2011년 한화건설이 완공한 갤러리아 포레가 위치한다. 당시 3.3m^2당 평균 분양가는 4300만 원대로 최고 수준이었다. 2018년에는 171m^2가 30억 5000만 원~33억 4000만 원이었다. 특히 서울숲 인근 약 1만m^2

부지에 금년까지 성수특화산업 클러스터가 조성되면 젊은 예술가와 디자이너의 창업공간으로 활용될 예정이다. 예전에 소규모 공장들이 밀집해 있던 낙후지역이 이처럼 브랜드아파트촌으로 탈바꿈하게 된 것은 서울숲이 조성되고부터다.

─ 한강변, 서울숲, 트리플역세권 등 최고의 입지를 자랑한다 ─

2004년 서울시가 서울숲 일대에 대규모 공원을 조성하는 구상을 발표하고도 현대제철·삼표산업과 공장 이전·철거 합의를 못해 당초 계획보다 대폭 축소된 면적으로 '서울숲'이 조성되었다. 그러나 2017년에 성동구·현대제철·삼표산업이 공장 이전·철거를 확정하는 '이전 협약'을 체결하여, 2022년경이면 당초 계획대로 공원이 조성된다. 재건축 재개발 정비사업에서 가장 중요한 투자 포인트는 입지와 교통/접근성, 녹지·공원 등 환경과 조망권 등이다. 그리고 그 좋고 나쁨에 따라 정비사업 이후 가격상승폭도 달라진다. 이런 점에 비추어보면 서울숲 공원화 사업과 성수지구 개발사업이 가속화되면 성수지구의 미래가치는 어마어마할 것으로 예상된다.

성수전략정비구역은 총 4지구로 나뉜다. 2011년 서울시 도시계획위원회는 284~317%의 용적률을 적용해 평균 30층, 최고 50층(주상복합) 아파트 8247가구를 짓는 정비계획안을 통과시켰다. 현재 성수 재개발 1~4지구(총 면적 53만 399㎡) 중 가장 사업 진행이 빠른 성수4지구 조합은 최고 48층 아파트를 짓는 건축계획안을 서울시에 제출한 상태다. 용적률 312%, 48층 8개 동, 임대 252세대를 포함하여 총 1540세대를 건립할 계획이다. 성수전략 1지구는 용적률 309.98%, 최고 50층, 임대주택 520세대 포함 총 2961세대를 건립할 계획이다. 1지구는 서울숲 공원이 가깝게 자리한 채 2호선 뚝섬역, 분당선 서울숲역을 이용할 수 있고, 한강을 조망할 수 있으며, 성수대교를 건너면 바로 압구정동과 연결되어 4지구 중 최고의 위치로 꼽힌다.

― 4개 구역 중 1구역이 단연 돋보인다 ―

2구역은 용적률 317%, 최고 50층, 임대 325세대 포함 총 1097세대를 건립할 계획인데 조합설립 과정에 문제가 발생하여 사업 추진이 늦어지고 있다. 3구역은 최고 50층, 임대 315세대 포함 총 1852세대를 건립할 계획이다. 그러나 2·3구역은 아직 조합이 설립되지 않았다. 만일 2020년 3월 전에 조합설립이 되지 않을 경우 일몰제 대상으로 정비구역이 해제될 수도 있다.

이처럼 성수전략정비구역은 한남뉴타운과 함께 강북 재개발사업지 가운데 입지, 교통/접근성, 사업규모, 성장성(가격상승) 등 모든 면에서 가장 뛰어나다는 평가를 받는다. 게다가 한강변에 유일하게 50층 개발이 가능하다는 이점도 있어서 투자자들이 군침을 흘린다. 성수전략정비구역 중 가장 사업 속도가 빠른 성수 4지구는 33m^2 빌라가 3.3m^2(대지지분)당 9000만 원 선으로, 2017년 말보다 2000~3000만 원가량 올랐다. 2018년에는 대지면적 28m^2(8.5평) 다세대주택이 8억 5000만 원에 팔려 대지지분 3.3m^2당 1억 원대를 돌파했다.

재개발투자는 초기 투자액이 적은 소형매물이 인기가 많은데 소형은 매물이 거의 없다. 중대형 매물 시세도 높은 편이다. 2018년에 대지면적 181m^2 매물이 15억 4000만 원에 팔렸다. 현재 호가는 3.3m^2당 3000만 원 선이다. 성수 4지구 중 최고의 입지로 평가받는 1지구도 지난해 조합설립을 마쳤다. 1지구 내 대지 24평 단독주택의 호가는 11억~11억 5000만 원 수준이고, 대지 40평의 단독형 다세대주택은 16억 원을 호가한다. 이는 대지지분 3.3m^2당 4580만 원, 4000만 원으로 높은 편이다.

─ 높은 개발이익이 기대되는 반면 매물가격도 비싸다 ─

성수전략정비구역도 아직 관리처분 단계를 거치지 않아서 조합원 권리가액(감정평가액×비례율)을 알지 못해 정확한 투자수익 추정이 어렵다. 관리처분 인가단계를 거치면 거래제한을 받는다. 따라서 현재로선 어림셈법으로 개발이익과 재개발 이후 자산증가를 판단할 수밖에 없다. 앞에서 본 것처럼 최근의 재건축·재개발 사업은 과거처럼 높은 개발이익 실현이 어려운 대신 개발사업 이후 자산증가 즉 가격상승폭이 높게 나타났다. 따라서 개발이익보다

개발 이후 자산증가폭이 높아야 한다. 이런 측면에서 볼 때 조심스럽지만 한남뉴타운보다 성수전략 지역의 사업성이 더 좋을 것으로 예상된다. 한남뉴타운은 강북 도심인 충무로, 종로, 광화문 등과 가깝다는 지리적인 이점이 있다. 그러나 단독, 다가구·다세대, 연립 등이 다닥다닥 붙은 지역을 개발하다 보니 한남3구역의 경우 조합원 수는 3880명인데 일반분양은 1000여 가구로 일반분양 비중이 30% 수준에 불과하고, 전용 59㎡ 이하 소형주택이 절반 이상이다. 따라서 개발이익과 개발 이후 가격상승에 한계가 있어 보인다.

반면, 성수전략지역은 강북 도심은 더 멀지만 다리만 건너면 강남 부촌인 압구정동과 맞닿는 지역이다. 성수4지구의 조합원 수는 760명, 일반분양은 540가구로 일반분양 비율이 70%가 넘는다. 아파트 평형도 소형, 중대형을 적절하게 배치할 것으로 예상된다. 따라서 개발이익과 개발 이후 자산증가폭 모두 성수전략지역이 더 높을 것으로 예상된다. 다만, 이는 한남3구역과 성수 4지구만 비교한 것이어서 앞으로 각 구역의 사업진척에 따라 달라질 수 있다.

재건축과 달리 재개발사업 대상은 단독, 다세대·다가구, 연립, 토지 등으로 다양하기 때문에 아파트재건축처럼 온라인 검색으로 구체적인 정보를 얻기 어렵다. 따라서 현장 부근의 부동산 여러 곳을 방문해서 각 구역별로 자료를 얻고 설명을 들은 후 비교분석하여 자신의 자금에 맞는 투자대상을 가려내 투자해야 투자가치를 극대화할 수 있다.

3. 대형 호재로 주목받는 수색·증산뉴타운

서울 은평구 수색동은 60년대 도심의 무허가건축물 거주자들이 외곽으로 이주하면서 형성된 대표적인 단독·다가구 밀집지역이다. 대형변전소가 있는 데다가 집도 낡아서 못사는 동네라는 이미지가 강했다. 증산동도 마찬가지다. 그런 수색·증산동을 개발하기 위해 서울시가 2005년 수색·증산동 일대 79만 3000㎡를 뉴타운으로 지정했다. 수색1~14구역, 증산1~5구역으로 나눠 3만 1800여 가구의 아파트를 짓는 대형 프로젝트다. 그러나 10년 넘게 사업이 지지부진했는데 경기침체라는 원인도 있지만 그보다는 사업성이 부족해서다. 지하철 6호선, 경의중앙선, 공항철도 3개 노선이 지나는 트리플역세권 입지임에도 불구하고 지지부진하던 수색·증산뉴타운 사업에 불을 지핀 것은 수색역세권 개발사업이다. 주거시설만 밀집한 '베드타운'이었던 이곳에 서울시와 코레일이 추진하는 수색·DMC(디지털미디어시티)역 일대 31만㎡ 부지에 업무·상업·문화시설을 복합 개발하는 역세권 개발사업이 가시화되고, DMC역 남쪽 상암동 롯데 복합쇼핑몰 건설까지 결정되자 탄력을 받게 되었다.

— 역세권개발사업 가시화로 뉴타운사업이 탄력받는다 —

수색 · 증산뉴타운은 수색1~14구역, 증산1~5구역으로 개발된다. 그중 사업추진이 가장 빠른 수색4구역은 롯데건설이 2017년 분양(롯데캐슬더퍼스트)을 마치고 착공에 들어갔다. 수색6구역과 9구역은 관리처분 인가를 마쳤다. 수색9구역은 이주 진행 중이라 금년에 일반분양에 나설 것으로 보인다. 수색7구역은 사업시행인가를 받고 관리처분 총회까지 마쳤으며 2019년 하반기에 분양예정이다. 수색13구역은 지난해 사업시행인가를 받았고, SK건설 · 현대산업개발 컨소시엄을 시공사로 선정했다. 수색8구역은 지난해 서울시 건축위원회 심의를 통과했다. 그 외 재래시장 재개발사업인 수색2 · 3 · 5구역과 10 · 12 · 14구역, 증산1, 3구역 등 총 8곳은 정비구역지정이 해제됐다. 증산2구역도 이주가 절반 이상 진행돼 2018년 중 일반분양이 이뤄질 것으로 보인다. 수색 · 증산뉴타운 내 수색 6개 구역(4 · 6 · 7 · 8 · 9 · 13)과 증산 3개 구역(2 · 4 · 5)이 완성되면 총 8773가구 규모의 미니 신도시급 뉴타운 단지가 조성된다.

10년 넘게 지지부진하던 수색 · 증산뉴타운사업은 수색역세권개발사업이 구체화되면서 날개를 달았다. 수색4구역 '롯데캐슬 더 퍼스트'는 2017년 6월 3.3㎡당 평균 분양가격 1669만 원으로 일반분양했는데 1순위 청약접수가 평균 37.9 대 1의 경쟁률로 마감됐다. 2018년 4월경에는 수색9구역 SK건설이 시공하는 총 752

[수색 증산뉴타운 진행 상황]

구역	진행 상황	시공사
수색2, 3, 5, 10, 12, 14	정비구역 해제	
수색4	2017년 6월 롯데캐슬더퍼스트 분양	롯데건설
수색6	이주 준비 중, 2019년 상반기 분양 예정	GS건설
수색7	2019년 하반기 분양 예정	GS건설
수색8	2017년 10월 사업시행인가	SK건설
수색9	이주 중, 2018년 분양	SK건설
증산1, 3	정비구역 해제	
증산2	이주 중, 2018년 분양	GS건설
증산4	추진위원회 승인	
증산5	인허가 변경절차 진행 중	롯데건설

가구 중 250가구를 일반분양하고, 2018년 하반기에는 증산2구역 GS건설이 시공하는 1387가구 중 400여 가구를 일반분양한다. 수색역세권 개발사업의 구체적인 개발계획이 금년에 발표되면 수색·증산뉴타운사업은 더 탄력을 받을 것으로 보인다. 서울시와 코레일이 공동으로 진행 중인 '수색역 일대 종합개발 기본구상 및 타당성 조사' 용역이 2018년 상반기 중 마무리될 예정이다. 코레일은 수색역 철도 차고지, 정비기지 이전계획을 마련 중이어서 빠르면 2018년 수색역세권 종합개발계획의 추진 방안이 공개될 전망이다.

― 롯데 복합쇼핑몰 건설 등 대형 개발호재가 많다 ―

그리고 인근(증산동)에 삼표그룹 사옥과 스포티비(SPOTV) 사옥을 건설하기 위한 개발계획안이 서울시 도시계획위원회에 상정될 예정에 있거나 이미 통과된 부분도 있다. 따라서 이런 개발호재는 수색·증산뉴타운 사업추진뿐만 아니라 재개발 이후 아파트가격에도 크게 영향을 미칠 것으로 보인다. 수색·증산뉴타운 투자는 대형호재로 인한 발전 가능성이 높다는 점, 트리플 역세권으로 교통/접근성이 우수하다는 점, 인근의 월드컵공원, 하늘공원, 불광천 등으로 자연환경이 쾌적하다는 점 등이 매력적이다. 부동산가격이 상대적으로 저렴해 소자본으로도 투자가 가능하다는 장점도 있다. 2017년 분양한 롯데캐슬더퍼스트 분양가격이 3.3㎡당 1669만 원이었으니 강남 아파트 분양가의 3분의 1 수준에 불과하다.

다만, 수색·증산뉴타운은 이미 분양한 수색4구역과 2018년 분양예정인 수색9구역, 증산2구역이 관리처분 인가를 받아서 조합원 지위(입주권) 양도·양수가 불가능하다. 그러나 아직 관리처분 인가를 받지 않은 나머지 단지들은 가능하고, 청약1순위자는 모든 일반분양에 청약할 수 있다. 수색·증산뉴타운은 이제부터 개발이 본격화되기 때문에 다른 재개발·재건축 단지들에 비해 투자대상과 폭이 넓다. 따라서 수색·증산뉴타운 투자에 관심을 가질 필요가 있고, 특히 소액투자자라면 적극적으로 관심을 가져볼 만한 지역이다.

4. 풍선효과 톡톡히 누리는 광명뉴타운

광명은 서울, 인천, 수원으로 이어지는 트라이앵글 지역의 중심부에 위치하고 있다. 즉, 북서부는 서울 구로구와 접하며, 동부는 금천구, 남동부는 경기도 안양시 만안구, 서부 일부는 부천시, 남서부는 시흥시와 접하는 서울의 위성도시다. 수도권 위성도시 중 서울특별시 도시계획에 의해 조성된 도시라서 그런지 서울특별시에 편입해야 한다는 소리도 가끔 나온다.

그럼에도 불구하고 광명은 한동안 침체기를 겪었는데, 그러다 2002년 광명시가 광명동, 철산동 일대를 뉴타운으로 지정하면서 사정이 달라졌다. 총 23개 구역으로 지정된 광명뉴타운은 사업추진의 어려움으로 중도에 12개 구역이 해제되고 현재는 11개 구역만 재개발이 추진 중이다. 그랬던 광명뉴타운이 최근 탄력을 받고 있다. 정부 고강도 규제로 오히려 어부지리를 얻는 것이다. 정부가 강남 재건축에 융단폭격식 규제를 가하자 풍선효과로 광명 재개발에 투자가 몰린다.

─ 소자본투자도 가능하고 거래제한도 받지 않는다 ─

특히 광명뉴타운은 1억 원대 투자도 가능해 소액투자들의 관심이 뜨겁다. 게다가 광명뉴타운 11개 구역 대부분이 아직 사업시행인가 또는 조합설립 단계에 있어 거래제한도 받지 않아 자유로운 투자가 가능하다. 사업 속도가 가장 빠른 16구역은 GS건설과 두

산건설이 시공을 맡아 2018년 1월 '광명에코자이위브'로 일반분양을 마쳤다. 지상 최고 29층, 19개 동 총 2104세대 중 일반분양은 910가구다. 2020년 11월 입주예정인 16구역은 조합원 입주권 전매제한을 받지 않기 때문에 현재 조합원 입주권에 웃돈이 붙어 거래된다. 그다음으로 빠른 15구역은 관리처분인가를 받고 현재 이주 진행 중이다. 현재 조합원 입주권에 1억~1억 5000만 원 정도 웃돈이 붙어 거래된다. 2구역은 2018년 2월 조합원 분양신청을 받아 평형배정을 하고, 2018년 3~4월경 관리처분을 위한 조합원총회를 열었다. 3344세대 대단지인 2구역은 대우건설, 롯데건설, 현대엔지니어링이 시공을 맡았다. 역시 조합원 입주권에 웃돈이 붙어 거래된다. 3585세대 대단지인 1구역도 사업시행인가를 받았고 조합원 감정평가까지 마무리돼 2018년 3~4월경 조합원 분양신청을 받았다. 시공사는 GS건설, 한화건설, 포스코건설이다.

─ 광명시흥테크노밸리 건설로 자족도시를 꿈꾼다 ─

광명뉴타운은 사업시행인가 또는 조합설립 단계에 있어서 정부의 거래제한을 받지 않고, 청약 1순위자는 일반분양에 청약할 수 있다. 따라서 서울, 수도권 어느 지역보다도 투자기회가 많고 소액투자도 가능해 매력적인 투자대상이다. 광명은 11개 구역 전체가 완공되면 약 2만5000세대 미니 신도시급으로 탈바꿈하게 된다. 여기에 경기도가 수도권 서남부권 '융·복합 첨단산업 메카' 조성을 목표로 '광명시흥테크노밸리'를 건설한다. 2018년 중에 지구지정을 완료하고 이르면 2019년에 착공에 들어갈 예정이다. 광명은 KTX광명역과 지하철 7호선이 지나고 수원~광명 고속화도로와 강남순환고속도로 1구간이 이미 개통돼 교통도 편리하다. 신안산선 복선전철도 이르면 2019년에 착공할 예정이다. 이처럼 광명은 수도권 서남부지역에서 가장 주목받는 주거지로 부동산가격 상승도 높을 것으로 전망된다. 특히 소액투자도 가능해 매력적인 투자대상이다.

5. 브랜드아파트촌으로 변신 중, 영등포뉴타운

그동안 영등포는 서울에서 대표적인 낙후지역이었지만 현재 환골탈태 중이다. 5호선 영등포시장역에 접해 있는 영등포뉴타운은 5호선을 타고 이동하면 여의도역까지 두 정거장밖에 안 된다. 금융타운 등 많은 회사들이 몰려있는 여의도와의 접근성이 마포·용산에 뒤지지 않은데도 그동안 개발이 되지 않아 낙후지라는 오명을 뒤집어쓰고 있었다. 그러나 지금 영등포는 뉴타운사업으로 브랜드아파트촌으로 변신 중이다. 영등포뉴타운은 총 7개 구역이다.

이미 오래전에 재개발구역으로 지정된 영등포뉴타운은 지리적으로 탁월한 입지인데도 불구하고 영등포시장 때문에 개발이 지연돼왔다. 영등포시장의 토지 관계가 워낙 복잡해서 소유주 동의

[영등포뉴타운 진행 상황]

구역	진행 상황	진행단계
1	1-4구역(아크로타워스퀘어)	2017년 입주
2	1-3구역(영등포 꿈에그린)	2017년 분양
3	1-2구역	조합설립인가
4	1-13구역	조합설립인가
5	1-11구역	추진위원회 승인
6	1-12구역	추진위원회 승인
7	1-14구역	정비구역 지정

를 얻기가 쉽지 않았기 때문이다. 영등포뉴타운사업이 탄력받게 된 것은 제일 먼저 개발에 성공한 1-4지구 아크로타워스퀘어의 영향 때문이다. 최고 35층, 7개 동, 총 1221가구(전용면적 59~142㎡) 규모로 조성된 아크로타워스퀘어는 2014년 전용면적 84㎡가 6억 8790만 원에 분양했었는데, 2017년 8월 8억 9500만 원에 입주권이 거래되는 등 프리미엄만 2억 원이 붙었다. 2018년 시세는 전용 84㎡가 11억 원으로 더 많이 상승했다.

이처럼 1-4지구 아크로타워스퀘어 아파트가격이 높게 형성되자 이에 자극을 받은 다른 지구 사업추진도 탄력을 받는 모습이다. 사업추진이 가장 빠른 1-3구역은 한화건설이 시공을 맡았다. 전용 29~84㎡ 아파트 185가구와 전용 18~32㎡ 오피스텔 111실이 들어서는 한화 '꿈에그린'은 2017년 10월 조합원 물량을 제외한 아파트 144가구와 오피스텔 76실을 일반분양했는데 평균 분양경쟁률이 25.35 대 1이나 되었다. 1-13구역은 서울시에 건축심의를 신청해둔 상태로, 2019년쯤 관리처분 인가를 예상하고 있다. 1-2 구역도 사업추진을 서두르고 있어서 이들 7개 구역이 모두 개발되면 영등포뉴타운은 총 3500가구가 거주하는 브랜드아파트촌으로 탈바꿈하게 된다.

─ 낙후지역에서 브랜드아파트촌으로 탈바꿈한다 ─

영등포는 지하철 1, 2, 5, 9호선이 지나고 올림픽대로와 서부간 선도로, 경인고속도로 등 교통/접근성이 탁월하다. 지하철 5호선을 이용하면 종로·광화문 등 서울 도심으로 출퇴근하기도 쉽고, 영등포시장역에서 여의도역까지 두 정거장이라 걸어서 이동해도 거리가 2.47km에 불과하다. 영등포역 인근의 타임스퀘어, 신세계 백화점, 롯데백화점, 이마트, 빅마켓 등 대형쇼핑몰과 한림대 한강 성심병원, 여의도역 인근의 IFC몰 등 생활편의시설이 잘 갖춰져 있다. 샛강생태공원, 여의도한강공원이 가까이 있어 자연환경도 쾌적하다. 게다가 영등포는 서울시 '2030플랜'에 강남, 광화문과 함께 서울 3대 도심으로 지정돼 있어 향후 발전가능성도 높다. 따라서 영등포뉴타운 개발 이후 아파트가격은 높게 형성될 것으로 예상된다.

이미 분양한 1-3구역, 1-4구역 외에는 아직 관리처분 단계를 거치지 않았기 때문에 거래제한도 비켜 갔다. 다만, 단지 규모가 크지 않고 주상복합 형태로 개발되기 때문에 각 지구 사업이 특색 있게 추진될 수 있으므로, 이런 점을 살펴보고 투자 여부를 결정해야 한다.

6. 구도심 정비사업으로 부활을 꿈꾸다, 성남시

성남시는 서울의 턱밑에 위치하고 교통/접근성이 우수한데도 분당, 판교, 위례 등 대규모 신도시에 밀려 관심에서 멀어진 지역이다. 60년대 말 정부가 서울 도심의 무허가 빈민촌을 정비하면서 철거민들을 이주시키기 위해 당시 '광주군 중부면 상대원리 일대'에 조성한 주택단지인 '광주대단지'가 성남시의 모체다. 그래서 성남시 구도심은 도로가 협소하고 건축물이 낙후돼 부동산시장에서 관심 밖의 지역이었다.

그런 성남시가 구도심 개발로 부활을 꿈꾸고 있다. 성남 구도심 정비사업은 재개발 · 재건축 두 축으로 진행된다. 재건축은 사업추진이 수월해 성남 재건축의 대장주인 신흥주공 재건축사업은 현대산업개발, 포스코건설, 롯데건설이 시공을 맡아 '산성역 포레스티아' 브랜드로 2017년 8월에 일반분양했다. 당시 일반분양 가격은 3.3m^2당 1790만 원이었는데, 현재 입주권 시세는 3.3m^2당 2200~2300만 원 선에 형성된다.

현재 재개발사업이 추진 중인 구역은 중원구의 금광1구역, 중1구역, 중3구역과 수정구의 신흥2구역, 단대구역 등 7개다. 그중 단대구역과 중3구역은 이미 입주까지 마쳤고, 나머지 단지들은 사업 시행가를 거쳐 관리처분 단계에 있다. 돋보이는 곳은 금광1구역, 신흥2구역, 중1구역 등이다. 금광1구역은 5320세대 대규모 단지로 시행사는 LH공사, 시공사는 대림산업이다. 2016년 11월 7일 관리처분인가를 받았고, 2018년 하반기에 일반분양했다. 금광1구역의 경우 조합원(수분양자)들이 LH와 성남시를 상대로 관리처분 계획 취소 소송을 제기해 1심에서 성남시와 LH공사가 패소했고, 현재 LH공사가 항소한 상태다. 그러나 이 소송 최종심에서 성남시와 LH공사가 패소하더라도 기간이 다소 지연될 뿐 사업이 중단되지는 않을 전망이다.

─ 분당구를 제외한 성남시는 입주권 거래가 가능하다 ─

현재 투기과열지구가 아닌 성남시(분당구 제외)는 조합원 입주권 거래가 가능해 웃돈이 붙어 거래되고 있다. 전용 59㎡(25평형)에 1억 4000만 원 정도의 웃돈이 붙었다. 그래도 인근의 '산성역 포레스티아' 시세를 감안하면 금광1구역에 투자해 1억~1억 5000만 원의 투자수익이 가능해 보인다. GS건설과 대우건설 컨소시엄이 시공하는 신흥2구역도 4774세대 대단지다. 2018년 현재 이주가 진행 중이고, 2022년 입주예정이다. 신흥2구역 전용 59㎡(25평형) 감정가는 2억 300만 원인데, 조합원 입주권 프리미엄이 2억 700만 원이 붙어 4억 1000만 원에 거래되고 있다. 그래도 신흥주공아파트를 재건축한 산성역 포레스티아의 같은 평형 시세가 5억 7000만 원인 점을 감안하면 대충 1억 5000만 원의 시세차익이 예상된다. 성남 중1구역은 2016년 11월 7일 관리처분인가 이후 현재 이주 마무리 단계로, 2018년 하반기에 일반분양해 2021년 입주예정이다. 코오롱건설(하늘채)이 시공을 맡아 총 2415세가 건설된다. 중1구역 감정가는 2억 600만 원인데, 59m^2(25평형) 조합원 입주권에 1억 8000만 원의 웃돈이 붙어 3억 8600만 원에 거래된다. 인근에 있는 푸르지오의 같은 평형 시세가 5억 원 정도인 점을 감안하면 1억 원 정도의 시세차익이 예상된다.

─ 구도심 정비사업을 통해 새로운 도시로 탈바꿈 ─

이처럼 성남시는 구도심 정비사업을 통해 예전 이미지를 탈피하고 새로운 도시로 탈바꿈을 시도하고 있다. 구도심의 노후주택이 철거되고 점차 새 아파트단지가 증가하면 상권이 활성화되고 부동산가격은 점차 상승할 것으로 예상된다. 현재 부동산가격이 저렴해 소액투자가 가능하고, 초기 투자금액이 적어 수익률은 오히려 높을 것으로 전망된다. 따라서 성남 재개발도 소액투자가 가능한 매력적인 투자대상으로 봐도 된다.

3장

수도권 교통망이
돈이 된다

다시 그려지는 수도권 교통지도

─ 정책전환으로 교통문제를 획기적으로 개선한다 ─

도시는 교통로를 따라 발전해왔고, 도시가 확장됨에 따라 교통로도 확장돼왔다. 그러나 수도권의 과도한 인구집중으로 폐해가심각한 지금은 수도권 택지개발을 중단하고 재건축 · 재개발 등의정비사업 중심으로 부동산정책이 전환되었다. 교통정책도 기존의교통로 확대에서 교통문제를 획기적으로 개선하는 방향으로 전환되고 있다. 그 첫 번째가 수도권 광역교통망(GTX)) 사업이다. 수도권 광역급행철도 GTX는 새로운 교통로 확보보다는 이동시간의 획기적인 단축이 목적이다. 지하 40~50m에 터널을 뚫어 전 구간을 직선화함으로써 기존의 전철보다 3배 이상 빠르게 이동할 수있다. 따라서 GTX 사업이 본격화되면 부동산시장에 미치는 파급

효과는 대단히 클 것으로 전망된다.

이미 타당성조사를 통과해 확정고시된 GTX A노선은 파주신도시 운정역에서 화성 동탄역까지 총 83.102㎞로 정거장은 총 10개(운정역, 킨텍스역, 대곡역, 연신내역, 서울역, 삼성역, 수서역, 성남역, 용인역, 동탄역)다. 그중 삼성~동탄 구간은 이미 국가재정으로 사업이 진행 중이고, 운정역~삼성역 구간은 민간투자사업(BTO-rs)으로 진행될 예정이다. GTX A노선이 완공되면 동탄에서 삼성역까지 기존의 77분에서 19분으로, 일산역에서 서울역까지는 52분에서 14분으로 시간이 대폭 단축된다.

2017년 예비타당성조사 대상 사업에 포함된 GTX B노선은 송도국제도시에서 남양주 마석까지로 정거장은 총 13개(송도, 인천시청, 부평, 당아래, 신도림, 여의도, 용산, 서울역, 청량리, 망우, 별내, 평내호평, 마석)다. 지난해 8월 예비타당성조사를 통과한 GTX B노선은 사업에 탄력이붙었다. GTX B노선은 총 5조 9000억 원을 투입해 인천 송도국제도시에서 경기도 남양주시 마석까지 80.1㎞를 연결하는 사업으로 2026년에 개통될 예정이다. GTX B노선이 완공되면 송도국제도시~서울역까지 기존 82분에서 27분으로 대폭 단축된다.

GTX C노선은 양주역에서 수원역까지로 정거장은 총 10개(수원역, 금정역, 과천역, 양재역, 삼성역, 청량리역, 광운대역, 창동역, 의정부역, 양주역)인데 2017년부터 예비타당성조사를 진행하여 이미 예비타당성조사를 통과했다. 총 4조 8088억 원이 소요되는 GTX C노선은 2019년 착공해 2024년에 완공 예정이다. GTX C노선이 완공되면, 의정부역~삼성역 16분, 삼성역~수원역 22분으로 기존 1시간 18분에서 대폭 단축된다.

집값이 비싼 지역들의 공통점이 일자리가 많은 업무지구와 가깝거나 출퇴근 교통이 편리한 곳이라는 것을 감안할 때, 이동시간이 3분의 1로 단축되는 GTX 사업이 본격화되면 그 파급효과는 대단히 클 것이다. 이미 정부 발표 후 한차례 부동산가격이 들썩였지만, 각 노선별 사업이 확정되는 시점과 착공 및 완공시점 전후에 다시 부동산가격이 상승할 것으로 예상된다. 따라서 GTX 각 노선별 정거장 주변 지역은 정도의 차이가 있을 뿐 모두 수혜지역이라고 볼 수 있는데, 그중 강남 삼성역 주변이 가장 수혜가 클 것이다. A노선은 운정, 킨텍스, 연신내, 용인, 동탄 역 주변이, B노선은 평내·호평, 별내, 송도역 주변이, C노선은 덕정, 의정부, 금정 역 주변이 수혜가 클 것으로 예상된다.

02

새로운 수도권 교통망 수혜지역 '빅 3'

GTX 각 노선별 정거장 주변은 모두 수혜지역으로 볼 수 있지만, 필자는 GTX역 주변의 도시규모, 환경, 발전전망 등을 종합적으로 고려하면 A노선의 동탄신도시, 운정신도시와 B노선의 송도국제도시를 대표적인 수혜지역으로 꼽는다.

이들 지역은 부동산이 침체를 겪거나 어려움이 있고, 부동산가격이 많이 하락했거나 전 고점을 회복하지 못하고 있다는 공통점이 있다. 운정신도시는 MB정부 때 집값 추락의 영향으로 곧바로 침체에 빠졌고, 송도국제도시도 2008년 금융위기 발생 이후 '불꺼진 도시'로 전락했으며, 동탄신도시도 제2동탄 입주가 시작된 이후 역전세 현상 등으로 어려움을 겪고 있다. 그런데도 이들 지역을 GTX 수혜 유망지역으로 꼽는 이유는 GTX가 개통되면 현재 매우 불편한 대중교통이 획기적으로 개선돼 시너지효과가 가장 클 것으로 전망되기 때문이다.

1. 동탄신도시

동탄신도시는 무엇보다 도시면적이 넓은 것이 강점이다. 경부고속도로를 기준으로 서쪽의 제1동탄($9.03km^2$), 동쪽의 제2동탄($24.01km^2$)을 합한 총면적이 $33.04km^2$나 돼 분당신도시($19.9km^2$)의 약 1.7배에 이른다. 면적 자체가 넓으니 공원과 녹지공간이 충분히 확보되고 자연친화적인 도시설계로 호수공원과 수로 등이 잘 어우러져 쾌적한 자연환경이 보장된다. 청년세대가 많이 입주해 유아 교육 인프라가 잘 갖춰져 있는 것도 장점이다. 게다가 인접 기흥에 삼성전자 반도체공장이 위치해 글로벌기업 한국지사를 비롯한 관련 기업의 입주가 늘어나고, 외국인 근무자도 늘어 자족도시로의 발전도 기대된다.

─ 삼성전자 반도체공장 등에 의해 자족도시로 발전한다 ─

그럼에도 동탄의 부동산가격이 판교, 분당에 비해 저렴한 이유는 무엇보다 대중교통이 불편하기 때문이다. 광역직행버스나 승용차를 이용할 경우 강남역 등 주요 업무지역까지 30~40분대에 갈 수 있어 괜찮은 편이지만, 출퇴근 시간대에는 1시간 20분대로 늘어난다. 지하철은 1호선 서동탄역이 도시 끝자락에 위치한 데다 용산역, 서울역까지 1시간 이상 소요돼 전철이용자가 적다. 2016년 12월 SRT(수서고속철도)가 개통되었지만 대중교통은 여전히 불편하다.

그러나 GTX가 완공·개통돼 동탄에서 삼성역까지의 출퇴근 시간이 대폭 단축되면 도시발전에 탄력이 붙을 것이다. 다만, 지난해부터 입주를 시작한 제2동탄은 한꺼번에 수만 세대가 입주하다 보니 현재 일부지역에서 역전세 현상을 보이고 있어 우려의 소리가 높다. 그러나 제2동탄의 신규 입주물량 소화기간을 거치고 나면 분당, 판교 다음으로 높은 부동산가격을 형성할 것으로 전망된다.

2. 송도국제도시

송도국제도시는 2008년 금융위기 발생으로 세계경제가 위축되면서 외국계 기업 투자유치 등의 계획에 차질이 생기고, 건설사들의 아파트 미분양이 속출해 '불꺼진 도시'로 전락했었다. 그랬던 송도국제도시를 GTX 수혜 유망지역으로 꼽는 이유 역시 대중교통이 최대 약점이기 때문이다. 따라서 현재 불편한 대중교통이 GTX 건설로 획기적으로 개선될 경우 눈부신 발전이 있을 것으로 전망된다.

─ 국제기구, 외국계기업 입주로 국제도시 위상을 갖추고 있다 ─

극심한 침체에 빠졌던 송도국제도시는 2014년경부터 국제기구와 외국계 기업을 비롯해 국내외 기업체들이 이주하면서 상황이 반전됐다. 동북아무역센터, 유엔 산하 녹색기후기금(GCF) 사무국 등 국제 업무시설을 비롯해 약 60여 개 외국인 투자기업이 입주하고, 셀트리온, 삼성바이오로직스 등 세계적인 바이오기업과 포스코, 코오롱, 포스코대우, 동아제약 등 대기업과 연세대학교 국제캠퍼스, 한국뉴욕주립대학교, 인천대학교 등 대학교가 개교해 국제도시로서의 위상을 갖추고 있어 인구유입 속도가 빠르다. 지난 4년 동안 연평균 1만 2970명이 송도국제도시에 유입돼 현재 외국인 2천 800명을 포함해 인구가 12만 3천 명에 이른다. 행정안전부가 발표한 '2017년 지방자치단체 외국인주민 현황'에 따르면 국내 거주 외국인 약 170만 명 중 5.4%가 인천에 살고 있는 것으로 나타났다.

이런 인구유입에 대비해 국제 주거 · 업무, 관광 · 레저 등의 복합시설인 송도 랜드마크시티 개발사업을 본격화하고 있다. 여의도 면적의 17배에 달하는 53.45㎢ 규모의 송도국제도시는 싱가폴 마리나베이샌즈를 벤치마킹한 '골든하버 프로젝트'를 추진 중이다. 골든하버 프로젝트는 인천항만공사가 송도 9공구에 건설 중인 '신국제여객터미널' 배후부지에 호텔, 콘도미니엄, 복합쇼핑몰, 워터파크, 마린센터, 컨벤션 등을 건설하는 관광 · 레저복합시설 개발사업이다. 국제도시로서의 위상을 갖추고 있지만, 대중교통이 매우 불편하다는 약점이 있었다.

— 교통문제가 획기적으로 개선된다 —

송도의 육상교통은 비교적 편리하다. 송도 제1교 개통으로 제1, 2, 3 경인고속도로, 인천김포고속도로(제2외곽순환고속도로) 접근이 용이해 인천공항은 30분대에, 강남은 1시간대에 갈 수 있다. 그러나 유일한 지하철인 1호선은 서울역까지 1시간 20~30분, 강남까지는 2호선, 7호선을 환승해 1시간 30~40분이나 걸린다. 그런데 GTX B노선이 완공되면 송도에서 서울역까지 27분에 갈 수 있으니 출퇴근 시간이 3분의 1로 단축될 것이다. 대중교통이 획기적으로 개선되면 송도국제도시의 발전은 그야말로 눈이 부실 것으로 전망된다. 당연히 송도의 부동산 가치도 재평가될 것이다.

3. 파주 운정신도시

파주 운정신도시는 참여정부 당시인 2003년에 1, 2, 3구역으로 나누어 지정되었다. 그중 2006~2007년 공급된 1~2구역은 2010년부터 입주를 시작했는데 곧바로 침체의 늪에 빠졌다. 운정신도시 아파트는 분양가상한제를 적용해 3.3m^3당 1000만 원 수준에 분양되었고 초기분양도 비교적 양호했다. MB정부 때 집값이 폭락하면서 아파트가격도 20~30%나 폭락했고 그 영향으로 대규모 미분양이 발생해 3구역은 사업시행도 하지 못했다. LH공사가 3구역 토지보상 협의를 완료하고도 토지대금을 지급하지 못하자 농민(토지소유자)이 자살하는 사건까지 발생했었다. LH공사를 믿고 대토를 위해 농지를 담보로 대출받아 토지매수(대토)계약을 체결했는데 LH공사가 수년 동안 토지보상금을 지급하지 못하는 바람에 궁지에 몰린 농민이 극단적인 선택을 했던 것이다.

― 3구역이 완성되면 도시 면모가 달라진다 ―

이런 상황이 지속돼 운정신도시 3구역은 아직도 미완성이다. 다행히 운정신도시 중소형아파트 가격은 분양가격 수준까지 회복했으나 대형아파트는 여전히 회복하지 못하고 있다. 운정신도시는 대중교통이 매우 불편하다. 자유로나 제2자유로를 이용해 서울도심인 시청, 광화문까지 40분대에 이동이 가능하다. 출퇴근 시간대에는 1시간 20~30분 소요된다. 그러나 유일한 전철인 경의중앙선은 시청, 광화문까지 1시간, 강남까지 1시간 20~30분이 걸린다. 여기에 역사까지의 이동시간을 합하면 더 많은 시간이 필요하다. 이렇게 대중교통이 불편한 것이 도시발전을 저해하는 요인이다.

GTX가 완공되면 출퇴근 시간이 3분의 1로 단축된다. 게다가 이미 확정된 지하철 3호선 대화~운정 간 연장이 실현될 경우 최대약점인 대중교통이 획기적으로 개선돼 운정신도시 발전에 탄력이 붙을 것이다. 다만 고양창릉지구 신도시건설로 운정3구역 분양과 시행에 어려움이 예상되지만, 고양창릉지구 분양가격이 더 높을 테니 주민이탈은 많지 않을 것이다. 현재 운정신도시 아파트시세가 저렴하고 남북관계가 개선되면 남북의 관문이 되는 점 등을 감안하면 운정신도시 부동산가격 상승률은 다른 지역보다 높을 것으로 전망된다.

4장

눈 밝은 자에게만
돈이 되는 시장도 있다

01

미래형 도시모델 스마트시티·콤팩트시티

― 스마트시티 ―

스마트시티(smart city)는 영국 등 유럽 선진국에서 도시를 재생하고 기후변화에 대응하기 위한 목적으로 개발된 미래형 도시모델이다. 첨단 정보통신기술(ICT)을 이용해 도시 생활 속에서 유발되는 교통문제, 환경문제, 주거문제, 시설 비효율 등을 해결하여 시민들이 편리하고 쾌적한 삶을 누릴 수 있도록 하는 '똑똑한 최첨단 도시'를 말한다. 스마트시티가 구축되면 ICT 기술을 이용해 실시간 교통정보를 얻을 수 있어 이동 거리가 줄고, 원격 근무가 가능해지는 등 거주자들의 생활이 편리해질 뿐만 아니라 이산화탄소 배출량도 줄일 수 있다. 여러 가지 도시 문제를 해소할 뿐만 아니라 4차 산업혁명에 선제적으로 대응하고 새로운 성장 동력을 창출할 수 있는 대안으로 떠오르면서, 세계 각국이 스마트시티 구축에 나서고 있다.

이미 영국의 런던, 스페인의 바르셀로나, 네덜란드 암스테르담 등에서 스마트시티를 도입했고, 신흥국 중에선 중국이 항저우를 비롯한 여러 도시에 도입을 서두르고 있다. 우리나라도 2021년 입주를 목표로 세종과 부산에 스마트시티 국가 시범도시를 조성한다. 인공지능, 블록체인 기술을 기반으로 조성되는 세종 시범도시가 완공되면 자율주행 셔틀버스, 전기공유차 등을 이용할 수 있고 개인 맞춤형 의료 서비스 등을 제공받는 꿈의 도시가 될 것이다. 부산 에코델타시티는 고령화, 일자리 감소 등의 도시 문제에 대응하기 위해 로봇, 물관리 관련 신사업을 육성하는 것으로 알려졌다. 스마트시티는 미래형 도시모델일 뿐만 아니라, 4차 산업혁명의 새로운 성장 동력으로 떠오르고 있어서 앞으로 공공·민간 합작 형태의 스마트시티 개발이 줄을 이을 것으로 전망된다.

— 콤팩트시티 —

콤팩트시티(compact city)는 도시의 무질서한 확산형 도시모델에서 벗어나 대중교통과 보행을 활성화하고 도시를 집적하는 도시개발 모델이다. 도시의 외연적 확산방지, 교통혼잡으로 인한 오염발생 억제 등이 주목적이며, 도시 중심부에 주거·상업 시설을 밀집시켜 시민이 교통수단을 이용하지 않고 걸어 다니며 생활할 수 있게 한다. 도심에서 주거 · 사무 · 쇼핑 · 문화시설을 모두 해결할 수 있어서 '압축도시'라고도 부른다.

100미터 이상의 초고층 건물 안에 주거 · 업무 · 문화 · 체육 시설을 집약시켜 놓은 네덜란드의 제2도시 로테르담이 대표적인 콤팩트시티로 꼽힌다. 일본의 경우 주택이 도심 외곽에 산재해 효율적으로 의료 · 복지 서비스를 제공하기 어렵자 콤팩트시티 도입을 장려하고 있다. 콤팩트시티를 만들면서 의료 시설 중심으로 주거와 직장 시설을 모아서 배치하는 '의 · 직 · 주(醫 · 職 · 住)형' 도시 모델을 장려하기 위해 일본 정부는 도심 건물에 대해서는 보유세 감면 등의 세제 혜택을 줄 방침이라고 한다.

─ 우리나라도 스마트시티 건설을 추진한다 ─

우리나라도 제4차 국토종합계획 수정계획(2011~2020)을 통해 신도시개발 정책이 수명을 다했다는 판단을 내리고 도심 고밀 개발과 도시재생 등을 통해 콤팩트시티를 만드는 쪽으로 도시발전 전략을 바꾸기로 했다. 2012년 국토해양부와 OECD는 국토연구원에서 한국건설교통기술평가원, 도시재생사업단, 국토연구원 공동 주관으로 '도시재생과 Compact City'라는 국제 콘퍼런스를 개최한 바 있는데 아직 뚜렷한 계획이 수립되지는 않았다. 그러나 도시 외곽의 자족 기능 없는 베드타운(Bed Town) 양산은 교통 · 환경 · 의료 · 복지 서비스 측면에서 많은 어려움이 있기 때문에 정부도 기존의 신도시개발 정책에서 벗어나 도시재생 등을 통한 콤팩트시티 건설 쪽으로 정책을 전환할 것으로 예상된다.

미래형 도시모델인 스마트시티, 콤팩트시티는 앞으로 신도시뿐만 아니라 도시 재개발 사업에도 적용될 것으로 보인다. 다만, 아직은 정부가 시범도시를 건설하는 단계에 불과하니 투자에 유의해야 한다. 요즘 온오프라인을 통해 'ㅇㅇ지역 스마트시티 아파트 분양'이라는 광고가 자주 등장하는데 엄밀히 보면 스마트시티가 아니다. 아파트 내부에 정보통신(ICT) 기능을 갖췄다고 해서 스마트시티라고 과장광고를 하는 것이다. 앞으로 공공 · 민간 합작 형태의 스마트시티 건설이 줄을 이을 것으로 전망되므로 지속적으로 관심을 가져볼 만하다.

젠트리피케이션 지역

— 낙후된 구도심을 민간자본으로 복원한다 —

젠트리피케이션(gentrification)이란 낙후됐던 구도심에 자본력 있는 사람들이 들어와 헌 집을 헐고 새집을 지으면서 주거비 상승 등을 감당할 수 없는 원주민들이 밀려나는 현상을 말한다. '도시회춘화현상(都市回春化現像)'이라고도 한다. 젠트리피케이션은 주로 임대료가 저렴한 구도심에서 진행된다. 독특한 분위기와 개성 있는 상점들이 들어서고 입소문을 타고 유명해지면서 유동인구가 늘어난다. 대규모 프랜차이즈가 들어서면서 임대료가 상승하면, 기존의 소규모 가게들과 원주민들이 치솟는 임대료를 감당하지 못해 동네를 떠나게 된다. 서울의 홍대 인근 망원동의 망리단길, 연남동의 연리단길, 이태원의 경리단길, 신림동의 샤로수길 등에 이어 종로구 서촌과 삼청동, 강남구 신사동 가로수길 등에서 젠트리피케이션이 발생하고 있다.

─ 서울뿐만 아니라 전국적인 현상이다 ─

부산에선 전포카페거리, 중앙동 40계단 주변 또따또가, 온천천 카페거리, 영도 흰여울문화마을, 남항동 깡깡이 예술마을, 서구 아미동, 초장동 일대 등에서 젠트리피케이션이 나타나고 있다. 대구는 방천시장 김광석길, 북성로 커페거리, 봉리단길 등에서, 인천은 신포동과 차이나타운에서, 경주는 황리단길, 창원은 창동거리, 광주는 동구 동명동 장동 일대 카페거리, 제주는 연동 바오젠(누웨모루)거리 등에서 젠트리피케이션이 일어나고 있다.

젠트리피케이션에 대한 2가지 시각이 있다. 사회적 측면에서 보면 '기존 상권과 원주민 터전 해체'라는 이유로 부정적이다. 반면 경제적 측면에서는 '지역 회생, 지역경기 활성화, 주민 소득향상'이라는 점에서 긍정적으로 보기도 한다. 지난해 방송된 〈알쓸신잡〉 경주 편에서 젠트리피케이션을 소개한 이후 국민들의 시선이 싸늘해진 느낌이다. 당신 방송에선 젠트리피케이션에 대한 사회적 측면을 주로 얘기했고, 경제적 측면에 대한 언급이 없었기 때문이다.

─ 긍정적, 부정적 2가지 시각이 존재한다 ─

그래서인지 일부에선 규제 얘기도 나오지만 가당치 않다고 생각한다. 정부가 막대한 재정을 투입해 도시재생을 추진하면서, 민간의 자율적인 경제활동으로 도시가 재생되는 것을 규제한다는 것은 말도 안 되고 법적 근거도 없다. 최근에는 젠트리피케이션이 나타나는 지자체를 중심으로 '지역상권 상상협력에 관한 조례'를 제정하고 그에 따라 협약체결 사례가 늘고 있다. '임대인과 임차인의 상생협력 체결 권장, 5년 이상 장기 임대차가 가능한 상생협력 상가의 조성과 지원, 상생협력상가협의체 설치와 구성, 자발적으로 상생협약을 체결한 상가에 대한 행·재정 지원' 등의 조례 내용을 담고 있다. 건물주가 임대료를 과도하게 올리지 않겠다는 상생협약을 체결할 경우 지자체가 건물 보수비 등을 지원하는 내용도 있다. 이처럼 건물주와 임차인이 '상생관계'라는 인식이 확산되고 지자체가 적절하게 그 역할을 할 경우, 젠트리피케이션은 도시를 재생하고 지역경제를 활성화시키는 역할을 톡톡히 하게 될 것이다. 게다가 2018년 9월 20일 국회를 통과한 「상가임대차보호법」이 개정되면서 계약갱신청구권이 5년에서 10년으로 연장돼 임대인이 과도하게 임대료를 올리지 못하게 되었다.

젠트리피케이션은 영국에서 처음 발생하여 미국 등으로 번져나갔고, 지금은 전 세계 여러 나라에서 발생하고 있다. 미국에선 특정지역을 인위적으로 젠트리피케이션 지역으로 만들면서 투자자를 끌어들이기 위해 광고까지 한다. 유럽 등에선 주거지역이 관광지화되면서 기존 거주민이 이주하는 '투어리피케이션' 현상이 일어나고 있다. 일찍 초고령사회에 진입한 일본은 30년쯤 전에 은퇴 노령세대가 도심을 떠나 도시 외곽의 전원주택으로 이주하는 붐이 일었었다. 그러나 병원, 편익시설 등 모든 것이 불편한 도시 외곽에 살지 못하고 다시 도심으로 돌아왔다. 그래서 동경 등 도심에는 주택이 부족한 반면 도시 외곽이나 시골에는 빈집이 점점 늘어난다. 그렇게 되돌아온 노령층과 중산층이 노후주택 지역으로 이사한 후 지역을 고급화하고 기존의 저소득층 주민을 대체한다. 노령사회에 진입한 우리나라도 젠트리피케이션은 현재 진행 중이고 점차 확대될 것이다.

─ 젠트리피케이션은 새로운 시장의 출현이다 ─

투자 측면에서 보면 젠트리피케이션은 새로운 시장이다. 따라서 젠트리피케이션 발생 지역이나 그럴 조짐이 보이는 지역에 관심을 가져볼 만하다. 적당한 위치의 노후주택을 매입해 상가로 개축하거나 신축한 후 임대를 주거나 1층만 상점으로 꾸며 임대하고 2~3층에 주인이 거주할 수도 있다. 상권이 활성화되면 대박을 칠 수도 있다. 다만, 건물주와 임차인은 '상생관계'라는 인식하에 무리하게 임대료를 올리지 말아야 지속적인 발전이 가능할 것이다.

이미 핫 플레이스인 서울의 홍대 인근, 망원동의 망리단길, 이태원의 경리단길, 신사동 가로수길 등은 부동산가격이 너무 많이 올라서 투자하기 쉽지 않다. 부산의 전포카페거리, 중앙동 40계단 주변 또따또가, 영도 흰여울문화마을, 대구의 방천시장 김광석길, 북성로 커페거리, 경주에선 황리단길 등도 쉽지 않다.

그러나 서울의 연남동 연리단길, 종로 서촌과 북촌, 삼청동은 아직 발전 중이고, 중구 만리동길이 최근 젠트리피케이션 조짐을 보이고 있으며, 예전에 서울에서 가장 이색적인 공간감을 보여주던 청파동도 가능성이 있어 보인다. 종로 서촌 끝자락 청운동고개 넘어 부암동도 젠트리피케이션 현상을 보인다. 부암동은 TV 드라마 〈커피프린스 1호점〉 촬영지로 유명해진 이후 주말이면 아직도 많은 사람들이 찾는다. 젠트리피케이션은 새롭게 창출되는 시장으로 서울을 비롯한 지방의 도시에서 광범위하게 나타나고 있으므로 투자에 관심을 가져볼 만하다.

03

노령은퇴세대 이주 선호지역

─ 노령은퇴세대가 이주할 지역이 마땅찮다 ─

우리 부동산시장의 가장 큰 문제는 낡아가는 도심과 인구의 노령화일 것이다. 도심도 늙어가고 인구도 늙어간다. 그래서 주택보급률이 100%를 넘어도 한편에선 새 아파트 공급 부족으로 가격이 급등하는가 하면, 다른 한편에서는 일자리와 학업 등의 문제로 이곳저곳을 떠돌아다니는 이른바 '현대판 노마드(유목민 혹은 방랑자)'들이 많다. 현재 부동산을 많이 소유한 세대는 대부분 노령세대다. 고성장·개발시대를 살아오면서 마련한 집이나 가게가 큰 재산이 되었다. 이들 대부분은 편안한 노후를 위해 가지고 있던 고가주택을 처분하고 집값이 저렴한 지역으로 이주한 후 남는 돈으로 월세를 받을 수 있는 수익형 부동산을 구입하고 싶어 하지만 이주할 곳이 마땅찮다. 도심외곽이나 시골은 병원, 편익시설 등이 열악해 생활이 불편하다는 것도 있지만, 무엇보다도 지금까지 살아온 라이프스타일과 동떨어진 생활에 적응하기 어렵기 때문이다.

─ 자신의 라이프스타일을 이어갈 수 있어야 한다 ─

'세 살 버릇이 여든까지 간다'는 속담처럼 전과 전혀 다른 새로운 생활에 적응하기가 쉽지 않다. 부부가 교편생활을 하다 정년퇴직한 아내의 친구는 남편의 고향인 지리산자락 경치 좋은 곳에 주택을 구입해 이주하고 소일거리로 민박을 운영하며 살았다. 처음엔 무척 행복해했지만 채 1년을 견디지 못하고 다시 서울로 돌아왔다. 시골이라 병원이나 편익시설이 부족한 점은 그런대로 견딜 수 있지만, 카페에서 차 마시며 수다 떨던 시간과 친구들과 등산하며 담소를 나누던 삶이 너무 그리웠다고 한다. 일본의 경우도 도심외곽이나 시골의 전원주택으로 이주했던 노령은퇴세대가 이와 비슷한 이유로 도심으로 다시 돌아왔다. 결국 노령은퇴세대가 편안한 노후를 보내려면 아름다운 자연환경이나 병원, 편익시설 등도 중요하지만, 무엇보다 자신의 라이프스타일을 이어갈 수 있어야 한다는 말이다. 따라서 이런 요건을 갖춘 지역을 찾아낸다면 새로운 시장으로 부상할 것이다.

이제 우리나라도 베이비붐세대의 은퇴가 시작되었다. 통계청 조사에 의하면 노령은퇴세대가 연금만으론 생활이 어려워 주택소비를 줄여 노후대책을 하는 것으로 나타났다. 따라서 노령은퇴세대가 이주해 편안한 노후를 보낼 수 있는 지역이 새로운 투자처로 각광받을 것이다. 필자도 나이 든 세대여서 오래전부터 은퇴세대가 이주해 편안한 노후를 지낼 수 있는 지역을 살펴봤지만 쉽지 않았다. 아래 소개하는 지역은 오랜 관심 끝에 찾아낸 곳들이다.

─ 종로 명륜동·혜화동 ─

종로 명륜동·혜화동은 풍수지리학적으로 보면 최고의 주거명당이다. 명륜동은 성균관의 명륜당이 자리한 데서 붙여진 이름이다. 그래서인지 명륜동은 북촌처럼 한옥이 밀집한 오래된 마을이다. 북촌에서 삼청동 고개 넘어 성균관대학교가 있는 지역이 바로 명륜동이다. 명륜동·혜화동의 최대 장점은 자연환경이 매우 아름답다는 것이다. 남서쪽엔 창덕궁과 창경궁의 아름다운 경관이 펼쳐지고, 북쪽은 북악산이 병풍처럼 둘러쳐 있어 천혜의 자연환경을 자랑한다. 명륜동과 혜화동의 위치는 전형적인 배산임수 지형으로 우리나라 최고 부촌인 성북동에 견줄만하다. 명륜동 옆이 혜화동이고 그 바로 옆이 성북동이다. 성균관로를 따라 내려가면 길건너에 '서울대학교병원'이 있어 병원 걱정도 없다. 지하철4호선, 버스로 대중교통을 이용해도 20~30분이면 종로, 광화문, 남대문시장, 동대문시장에 갈 수 있고, 40~50분이면 강남 어디든 갈 수 있다. 따라서 혜화·명륜동은 노후은퇴세대가 마음껏 즐기면서 편안한 노후를 보내기에 안성맞춤인 지역이다.

이처럼 자연환경이 빼어나고 도심과 가까이 있는데도 그동안 명륜동·혜화동이 소외됐던 이유는 낡은 건축물이 밀집된 낙후지역이기 때문이다. 서울시가 혜화·명륜동 대부분 지역을 '주거환경개선지구'로 지정해 정비사업을 추진 중이다. 따라서 혜화·명륜동은 새로운 주거지로 재탄생할 것이고, 그에 따라 부동산가격도 크게 상승할 것으로 예상된다.

투자는, 주거환경개선지구에 편입된 지역은 지구단위계획(주거환경관리사업)(안)을 확인해 투자대상을 가려야 하고, 지구 외 지역은 낡은 단독주택을 구입해 주택을 신축해 살거나 1층에 상가를 꾸려 임대주고 2~3층은 주택으로 꾸려 주인이 살 수도 있다. 현재 혜화·명륜동의 부동산가격은 강남의 4~5분의 1 정도에 불과해 강남의 고가주택을 처분하면 혜화·명륜동에 집을 마련하고도 돈이 남아서 노후대책을 충분히 할 수 있다.

도심에 가까이 있으면서 자연환경이 빼어나니 즐기면서 편안한 노후를 보낼 수 있는 지역이다. 주거환경개선사업이 마무리되면 부동산가격 상승도 기대할 수 있으니 관심을 가져보자.

―은평뉴타운―

은평뉴타운은 개발제한구역(그린벨트)으로 묶여 있었던 은평구 진관동 일대 약 350만㎡를 서울주택도시공사(SH)가 신도시급으로 개발한 뉴타운이다. 북한산 서쪽 끝자락에 위치한 은평뉴타운은 북한산 경관 보존을 위해 아파트를 중층(15층)으로 제한했다. 자연환경을 최대한 보존하면서 아파트를 건설했기 때문에 도시가 쾌적하다. 게다가 면적이 넓어 도시가 전혀 복잡하지 않다. 은평뉴타운의 아파트 분양가격은 3.3㎡당 1500만 원 정도였는데, 1차 건설이 완료돼 입주할 무렵 MB정부의 보금자리주택 등의 영향으로 집값이 폭락하면서 3.3㎡당 300~400만 원이나 추락했다. 지금은 분양가격보다 다소 높은 3.3㎡당 1600만 원대에 시세가 형성돼 있다. 은평뉴타운의 강점은 편익시설이 풍부하다는 것이다. 단지 내에 롯데 복합쇼핑몰이 개장해 운영 중이고, 인근 삼송지구에는 농협 하나로마트와 스타필드도 개장했다. 게다가 '카톨릭대학교 은평성모병원'이 2019년 4월 개원했다.

오랫동안 강남에 살았던 지인은 몇 해 전에 강남의 아파트를 처분하고 은평뉴타운으로 이사를 왔다. 은평뉴타운 아파트가격이 강남 아파트가격의 3분의 1에 불과해 은평뉴타운에 아파트 1채를 마련하고 남은 돈으로 수익형 부동산 여러 채를 구입해 노후대책을 마쳤다. 그는 강남에서 은평뉴타운으로 이주한 것은 탁월한 선택이었다고 하면서 매우 행복한 나날을 보내고 있다. 집에서 도보로 10분이면 북한산 둘레길에 도달할 수 있으니 등산을 마음껏 즐길 수 있고, 단지 내 구파발역에서 3호선을 이용해 강북 도심은 30분대에, 강남은 50분대에 갈 수 있어서 자신의 라이프스타일을 마음껏 즐기면서 편안한 노후를 보내고 있다.

─ 삼송신도시 ─

삼송지구는 2000년대 초반 대규모 택지지구로 지정됐지만, 글로벌 금융위기와 MB정부 보금자리주택 등의 영향으로 초기 대규모 미분양이 발생했던 곳이다. 아파트 분양가격이 3.3㎡당 1000만 원 정도로 비교적 저렴했는데도 미분양이 대량 발생했었다. 그러나 입주 5~6년 차가 되는 동안 교통/생활 인프라가 확충되면서 지금은 아파트가격이 가파르게 상승해 3.3㎡당 1600만 원대를 형성하고 있다. 삼송지구는 이미 오래전에 농협 하나로마트가 개장했고, 지난해 '이케아'에 이어 신세계의 초대형 쇼핑 테마파크인 '스타필드'가 개장해 서북부권의 신흥 쇼핑메카로 변신 중이다.

삼송지구는 인근 은평뉴타운과 마찬가지로 면적이 넓어 도시가 전혀 복잡하지 않다. 북한산의 아름다운 경관을 한눈에 볼 수 있고, 산과 하천이 어우러진 아름다운 자연경관이 일품이다. 무엇보다 부동산가격이 강남의 3분의 1 정도에 불과해서 기존 주택을 처분해 자신이 살 아파트를 마련하고도 돈이 남으니 노후대책을 충분히 할 수 있다. 교통은 지구 내 3호선 원흥역과 삼송역을 이용해 강북 도심은 30분대에, 강남은 1시간대에 이동이 가능하다.

은평뉴타운과 삼송신도시의 장점은 도시가 복잡하지 않고 자연환경이 아름답다는 것이다. 여기에 롯데 복합쇼핑몰, 농협 하나로마트, 신세계 초대형 쇼핑 테마파크 스타필드, 이케아 등이 속속 개장해 서북부권의 신흥 쇼핑메카로 변신 중이고, 카톨릭대학교 은평성모병원이 지난해 4월 개원해서 도시발전 가능성이 높은 지역이다. 관심을 가져볼 만하다.

귀농·귀촌 선호지역

— 속초 · 양양 —

속초 · 양양은 전국 어디에 내놔도 빠지지 않는 관광지다. 청정 해역 동해와 설악산 국립공원을 끼고 있는 속초는 봄의 호수, 여름의 바다, 가을의 단풍, 겨울의 설경 등 자랑할 것이 너무 많다. 구 설악동 신흥사 북서쪽에 위치한 흔들바위와 울산바위, 척산온천, 설악온천 등의 온천과 영랑호, 청초호 등의 호수, 동명항, 대포항으로 이어지는 해안 등 아름다운 관광지를 배경으로 한 레저타운이나 콘도미니엄, 맛집 등이 즐비해 연간 200만 명 이상이 찾는 국내 제일의 관광지기도 하다.

남대천과 동해, 설악산을 끼고 있는 양양도 속초 못지않은 관광 명소다. 양양은 속초와 달리 면적이 넓고 아름다운 자연환경이 잘

Part 3. 일반투자 편

보존되었다. 양양의 해안은 절경의 파노라마다. 북쪽에는 동해 일출의 명소이자 관동팔경의 하나인 낙산사 의상대가 있다. 남단에는 '동양의 베네치아'라 불리는 남애항이 있고 경치가 빼어난 휴휴암이 있다. 산과 바다가 어우러져 사람이 먹을 것을 구하고 심신의 휴식을 취하는 데 필요한 기본적인 3가지 환경을 모두 갖췄다.

이런 속초·양양이 최근 귀농·귀촌 지역으로 각광받고 있다. 지난해 모 방송국의 보도에 의하면 '제주도로 귀농했던 젊은이들이 물가가 비싸고 먹고살기 힘들어 속초·양양지역으로 재이주하는 추세'라고 한다. 실제로 지난해 서울에서 강원도로 1000명 가까이 유입된 것으로 나타났다. 속초·양양은 산과 바다가 있어 젊은 세대가 할 수 있는 일이 많다. 노령은퇴세대 역시 편안하게 노후를 즐길 수 있는 지역이다. 속초·양양은 교통/접근성도 우수하다. 지난해 서울~양양 간 동서고속도로가 개통되어 자동차를 이용할 경우 2시간대에 이동이 가능하다. 게다가 춘천~속초 간 동서고속화철도 건설도 이르면 올해 착공한다. 동서고속화철도가 완공되면 서울에서 속초까지 1시간대에 이동할 수 있다. 춘천에서 화천, 양구, 인제 역을 지나면 속초에 도착한다.

이처럼 동해바다와 국립공원 설악산을 끼고 있는 속초·양양은 관광명소이자 사람이 살기 좋은 곳이다. 수도권으로의 교통/접근성도 좋아서 부동산가격이 꾸준히 상승 중이다. 한국감정원 기준 2016년 11월부터 2017년 11월까지 아파트 매매가가 가장 많이 상승한 지역이 바로 속초시다. 속초 · 양양은 정부의 부동산규제가 없어 자유로운 투자가 가능하다. 따라서 속초 · 양양은 귀농 · 귀촌뿐만 아니라 노령은퇴세대의 이주지역으로도 적합하니 일반투자자들도 관심을 가져볼 만한 하다. 속초는 아파트 등 주거시설이 다양하지만 부동산가격은 양양보다 다소 비싸다. 반면 양양은 면적이 넓어 토지를 매입해 2차 투자(건축)하기 좋은 지역이라 다양한 투자 구상이 가능하다.

— 양평 · 가평 —

양평 · 가평은 이미 수도권 전원주택 선호지역으로 잘 알려져 있으며 교통/접근성도 좋다. 가평에는 경춘선이, 양평은 경의중앙선이 있어 대중교통도 양호하다. 그래서 부동산가격이 꾸준히 상승한다. 남한강, 북한강 변에 각각 위치한 양평 · 가평은 서울과 가까워 젊은 세대의 귀농 · 귀촌지역으로 적합하고, 노령은퇴세대가 이주해서 편안하게 노후를 즐길 수 있는 곳이다. 산과 강이 어우러진 빼어난 자연환경 덕분에 심신의 휴식을 취하는 데 필요한 기본적인 요건을 모두 갖춰 서울과 수도권 주민들이 휴식과 힐링을 위해 가장 많이 찾는 지역이기도 하다. 따라서 양평 · 가평의 부동산가격은 앞으로도 꾸준히 상승할 것으로 예상된다. 다만, 주말이면 육상교통이 대단히 혼잡한 점을 감안해 철도역과 멀지 않은 지역에 투자하는 것이 좋을 것이다.